# 产业结构现代化转型的理论、实践与政策

侯胜东 著

团结出版社

**图书在版编目（ＣＩＰ）数据**

产业结构现代化转型的理论、实践与政策 / 侯胜东
著 .一北京：团结出版社，2023.9

ISBN 978-7-5234-0379-2

Ⅰ.①产… Ⅱ.①侯… Ⅲ.①产业结构升级－研究－
中国 Ⅳ.① F269.24

中国国家版本馆 CIP 数据核字 (2023) 第 166864 号

出　版：团结出版社
　　　　（北京市东城区东皇城根南街 84 号 邮编：100006）
电　话：（010）65228880　65244790
网　址：http://www.tjpress.com
E-mail：zb65244790@vip.163.com
经　销：全国新华书店
印　装：北京盛通印刷股份有限公司

开　本：170mm×240mm　16 开
印　张：11.75
字　数：161 千字
版　次：2023 年 9 月　第 1 版
印　次：2023 年 9 月　第 1 次印刷

书　号：978-7-5234-0379-2
定　价：79.00 元

# 序　言

　　党的二十大报告指出，中国式现代化是中国共产党领导的社会主义现代化，既有各国现代化的共同特征，又有基于自己国情的中国特色。自鸦片战争以来，加快实现中国的近代化、工业化、现代化是几代中国人为之奋斗的目标。新中国成立特别是改革开放以来理论和实践证明，现代化道路并不只有西方一条。作为现代化的重要组成部分，产业结构的现代化是建设有中国特色的现代化的重要内容，制度性因素是我产业体系现代化转型的关键因素，具体而言，改革开放的成功经验表明，制度性因素产业结构的现代化须有相应的制度创新作支撑。对此，本书通过对我国产业结构现代化转型过程中的制度性相关理论、实践和政策研究，阐释了中国式制度创新对产业结构现代化的机理，对中国式现代化制度创新与产业结构现代化二者之间的辩证关系进行了研究。

　　在本书的前三章中，就产业结构现代化的国内外研究现状、基本概念、基本内涵做了界定。其中，第一章引言部分主要包括研究背景、研究进展、可能的边际贡献以及研究方法。第二章理论基础具体阐释了现代化理论、产业结构理论、交易成本理论和国家发展理论。第三章对产业结构现代化、中国式现代化制度创新、中国式现代化制度创新与产业结构现代化之间的辩证关系论述，对产业结构现代化转型的研究框架进行了分析。在第四章具体分析了中国式制度创新在产业结构现代化中的具体机理，即中国式现代化制度创新调节产业结构的四个维度。第五章对我国产业结构现代化的演进历程、动因以及制度性因素对我国产业结构现代化的影响作了具体研究。第六章选取了以美国、德国、日本为代表的发达国家为研究对象，分析了这些国家制度创新对其产业结构现代化的影响。另外，选取了以印度、苏联、阿根廷等为代表的发展中国家为研究对象，分析了这些国家的制度创新在其产业结构现代化过程中的经验和教训。第七章就产业结构现代化过程中通过内源型制度创新推进我国产业结构现代化提出了具体举措。第八章就本书的结论和未来展望做了说明。

　　总体而言，产业结构现代化道路的选择必须依据本国的切实国情，因地制宜的选择产业结构的调整方式。对于我国的产业结构现代化而言，本书认为应该更加注重发挥不同主体的内源型制度功能，应该发挥市场、政府、企业、社会等主体性作用，以进取的民族精神、悠久的文化底蕴、科学的理论导向、广大的阶层基础以及新发展理念为内源型动力，以制度创新网络优化三次产业结构的发展，既要实现三次产业结构整体现代化演进，又要实现三大产业结构现代化发展。

# 目　录

# 第一章　引　言

根据两个一百年战略部署，我国要在 2035 年和 2049 年先后实现基本现代化和全面现代化。现代化是一个过程，在这个过程当中，必须有强大的现代化产业体系作为支撑，而建设强大现代产业体系的具体表现是实现产业结构的现代化。第二次世界大战以后，产业结构的现代化成为世界各国的发展目标。对于发达国家而言，产业结构的现代化是继续保持其全球领先竞争优势的基础。对于发展中国家而言，产业结构的现代化是实现经济赶超、发挥后发优势的保障。不论是发达国家还是发展中国家，制度创新在产业结构现代化中具有重要意义。基于这一点，本书从制度创新的角度出发，试图探究特定类型的制度创新对产业结构现代化的影响。

## 一、问题的提出

近代以来的中国历史是以寻求一条适合中国发展的现代化道路为中心而展开的。鸦片战争之前，清政府以封闭、僵化、保守的发展道路应对世界的变化，但换来却是长达 60 年之久的丧权辱国；民国时期，以孙中山为代表民主主义者试图以"三民主义"的道路实现中华民族的复兴，但最终的结局却换来的是蒋、宋、孔、陈四大家族对国家财富的掠夺。在社会主义建设时期，由于照搬苏联模式，结果造成政治经济体制僵化，带来了"文化大革命"的十年浩劫。可见，中国的现代化道路充满了荆棘。数次现代化探索的失败要归因于两点，一是缺乏现代化的产业。二是缺乏现代化的制度。就前者而言，只有现代化的产业才能实现持续的经济增长。就后者来说，只有以现代化的制度作保障才能实现国家的长远发展。从这两个方面来看，产业的现代化和制度的现代化是实现国家现代化发展的重要标志。

改革开放四十年来，我国的产业结构沿着第一、第二、第三产业向二三一再到三二一的发展规划不断演化。第一产业增加值占 GDP 的比重由 1978 年的 28.2% 下降到 2022 年的 7.3%，第二产业增加值占 GDP 的比重由 1978 年的 47.9 下降到 2022 年的 39.9%，第三产业增加值占 GDP 的比重由 1978 年的 23.9% 上升到 2022 年的 52.8%，第三产业成为推动经济增长、拉动国内就业的第一引擎。产业结构的持续优化和升级证明我国的市场经济经历了一个由低级到高级，由不成熟、不发达到成熟和逐渐发达的过程。同时，在产业结构演进过程中，我国的制度结构也发生了重大的变革，对于我国这样的赶超型后发国家而言，制度创新的形成和来源对于产业结构的现代化意义重大。

第一，制度变迁是新中国成立以后产业结构现代化的重要基础。新中国成立以后，我国以苏为师，在经历了短暂的制度调整以后，进入了制度固化的长时间发展时期。可以说，新中国成立以后的前三十年的制度建设滞后严重阻碍了我国产业经济的发展，尤其关键的是造成了产业结构的严重失衡，对经济社会的发展造成了严重的后果。改革开放以来，我国开始了制度的全方位改革，产业经济发展进入了高速增长期。与世界上其他新兴市场国家相似，我国也是首先以进口替代战略发展产业经济，以丰沛的廉价要素为比较优势，在短时期内创造了大量的物质财富，而后逐步推进产业结构的优化和升级。然而，改革开放至今，随着我国劳动力优势的逐渐消减，产业发展的动力来源已经不能依靠传统的生产要素。波特的国家竞争理论也表明，生产要素的充裕与否并不能实现国家竞争力的整体提升，新制度经济学的研究表明，制度性因素在经济发展中可以起决定性作用。经验证明，我国改革开放的成功经验也证明制度性因素可以替代生产要素不足的短板。以改革开放四十年来我国产业结构的调整为例，家庭联产承包责任制的实施大大促进了农业的发展。80年代以后，在新的制度激励下，我国的粮食产量连年翻番，农民的生产热情得到了前所未有的激发。在此基础上，乡镇企业、工业等第二产业更是如久旱逢甘霖，各项指标都有所提高，第三产业也开始逐步成长起来。总而言之，制度创新产业结构调整中发挥了重要作用。

第二，当前我国经济发展方式的转变亟须制度创新。尽管我国的产业结构实现了向标准模型的转型，但与西方发达国家相比，我国产业结构的转型方式是建立在粗放型数量增长模式基础之上的，仍以垂直产业分工中下级产业链为主。作为经济增长的核心，产业结构间的比例不协调、产业结构内部各组成部分发展不平衡问题突出。这说明一个问题，作为一个后发展中国家，我国的产业结构现代化进程远没有结束，现在只是进入了一个现代化的门槛，而要真正实现具有中国特色的现代产业体系，必须在制度上进行创新，从而可以更有效的实现资源的合理配置。党的十九大报告指出："我国经济已由高速增长阶段转向高质量发展阶段，正处在转变发展方式、优化经济结构、转换增长动力的攻关期，建设现代化经济体系是跨越关口的迫切要求和我国发展的战略目标。必须坚持质量第一、效益优先，以供给侧结构性改革为主线，推动经济发展质量变革、效率变革、动力变革，提高全要素生产率，着力加快建设实体经济、科技创新、现代金融、人力资源协同发展的产业体系[①]"。由此，制度创新与产业结构的进一步契合应以实现经济的高质量发展为重点。

第三，产业结构的演进已经成为现代经济增长的核心内容。产业结构的现代化没有终点，在世界经济结构大调整和新一轮科技革命将要发生的历史背景下，产业发展的制度创新已经成为主要发达国家产业竞争的关键。2010年，美国政府在金融危机以后开始实行《美国制造业振兴法案》，试图通过调整产业结构，以"再工业化"战略解决长期以来产业空心化问题，实现产

① 习近平：《习近平在中国共产党第十九次全国代表大会上的报告》，人民出版社，2017年，第12页。

业结构的再平衡。2013 年，德国政府推出《德国 2020 高技术战略》，即以物联网为重心的工业 4.0 战略，寄希望于通过新一轮的技术革命引领产业发展潮流。为了在产业发展上占领制高点，实现由制造业大国向制造业强国的转变，我国在 2010 年也颁布了《中国制造 2025》，提出要实现由制造业大国向制造业强国的转变。同时，2018 年，在中央政治局第九次集体学习会上，习近平总书记更是坚定的要求要实现人工智能与第一、第二、第三产业的深度融合，促进人工智能的第二轮发展。所以说，产业结构的现代化已经成为现代经济增长的核心，但应该认识到，世界各国产业结构现代化的国情不同、所处的初始制度禀赋不同、以及发展特征差异巨大，因此并没有一种统一的产业结构现代化模式存在。

第四，产业结构现代化需要一种新的制度观。作为世界上最大的发展中国家，由高速工业化所带来的生态环境污染、贫困、区域经济发展不平衡等是我国经济社会在发展过程中面临的现实问题。如何在产业结构现代化的过程中通过制度创新解决这些问题是一个值得深入思考的问题。传统经济增长理论认为，发展的问题可以通过经济增长自行解决，这一形而上学的观点忽视了制度性因素对经济增长的影响。根据新制度经济学家科思的理论，制度可以分为正式制度和非正式制度，对我国的产业结构现代化而言，不论是正式制度还是非正式制度，都可以通过创新来发挥进步性的作用。一方面，正式制度必须发挥国家在制度创新中的作用，通过新的发展理念、方式和手段促进正式制度对产业结构现代化的作用。另一方面，非正式制度必须发挥我国历史、文化等方面的功能。正式制度与非正式制度的综合就构成了一种独特的发展模式。同时，由于制度的历史性、长期性、稳定性特征，逐渐生产了一种中国式现代化制度，这种中国式现代化制度决定了不同国家的制度属性存在着差异。在产业结构的现代化过程中，必须要以中国式现代化的制度创新为依托，才能真正发挥相关制度的比较优势。

总体而言，在现代经济增长过程中，促进产业结构的现代化具有时代的必然性。尤其对发展中国家而言，如何从制度上优化促进产业结构的现代化更是一个重要的问题。然而，制度性因素与产业目前学术界对产业结构的研究多偏重于产业本身的研究，而对制度创新与产业结构现代化之间两者关系的研究尚少。从微观的企业层面来讲，技术的进步是发展的关键，但对于一个国家来讲，制度以及体制的适应性是整体产业结构演化的根本因素。[①]

## 二、已有研究述评

科学研究必须要总结前人经验，从而才能在前人的成果之上有所贡献。产业结构理论作为产业经济学的重要组成部分，国内外学者已经做了很多研究。然而，相对于西方发达国家来说，我国对产业结构的研究不论深度、广度上都较为匮乏，但随着我国产业经济的发展，对产业结构的研究会逐步增多。在这一节中，将从国内和国外两个方面对产业结构现代化的相关研究做一梳理。

### （一）国内研究进展

#### 1. 产业结构与现代化研究

19世纪到20世纪初，西方国家纷纷进行工业革命，各国生产力水平不断提升，自此现代化问题也逐渐产生。一般而言，现代化有广义和狭义之分。广义的现代化是一个带有普遍性的人类历史进程，特指传统社会向现代社会演进的过程，而狭义的现代化是指欠发达和不发达国家加速向现代工业社会转变，加快社会各方面发展，缩小与发达国家差距的过程。显然，产业结构的现代化属于狭义的现代化范畴。根据产业结构理论在我国的发展状况，可以将我国学者对产业结构现代化问题的研究分为三个阶段。

第一阶段是产业结构现代化研究的萌芽期，时间跨度大致可以分为从新

---

① 李若谷，何自云：《制度适宜与经济增长——中国发展道路研究》，中国金融出版社，2018年，第23页。

中国成立以后到 20 世纪 90 年代。这一时期的产业结构理论是从苏联生产力理论中演化出来的，直到 20 世纪 90 年代，生产力理论仍对我国研究产业结构理论的学者产生了较大的影响。[①]1978 年以后，我国逐步摆脱苏联一元化生产力理论的束缚，开始从市场化的角度对产业结构现代化问题进行探讨。在我国较早的研究中，我国学者多从产业结构的合理化角度研究产业结构的现代化问题，如 1989 年孟宪昌在《论产业结构的现代化》一文中，将产业结构的现代化直接定义为产业结构的合理化[②]。同年，袁一堂在《产业结构现代化理论初探》一文中，他将产业结构现代化定位为组成社会经济的各产业部门在实现或初步实现现代化的基础上，形成的高层次关系或比例关系，也就是产业结构的高级化[③]。另外，在这一阶段，我国开始正式将产业发展的门类划分为第一、第二、第三产业，从理论上向西方产业结构思想接近了。如表 1 所示。从这个阶段的研究可以看出，我国在该阶段对产业结构研究仍显稚嫩，多是从单一角度对产业结构问题进行陈述，而且由于简单的将计划经济时期的现代化简单等同于产业结构的合理化，因此不免对整个的产业结构理论缺乏完整的认识。

### 表 1 我国产业结构的三次产业分类法
Table 1　The classification of China's industrial structure

| 产业分类 | 部分 |
| --- | --- |
| 第一产业 | 农业 |
| 第二产业 | 工业、建筑业 |
| 第三产业 | 流通部门、服务部门 |

资料来源：苏东水，《产业经济学》高等教育出版社，2010 年版，第 17 页。

第二阶段是产业结构理论的构建阶段，时间跨度在 20 世纪 90 年代到党的十七大，这一时期产业结构理论的突出特点是实现了与西方产业结构理论并轨。20 世纪 90 年代，以周振华为代表的学者开始了产业结构优化问题进

---

① 吴国华：《产业结构的经济学原理》，浙江大学出版社，2014 年，第 1 页。
② 孟宪昌：《论产业结构的现代化》，《河南财经学院学报》1989 年第 2 期。
③ 袁一堂：《产业结构现代化理论初探》，《齐鲁学刊》1989 年第 5 期。

行了细致的研究，根据西方产业经济学的一般范式，周振华在其博士毕业论文《论产业结构优化》中对产业结构优化中的产业结构高级化和合理化问题进行了详细的理论研究和一定的实证研究。可以说，这一阶段的研究奠定了我国产业结构研究的理论基石。同时，我国开始以产业结论理论指导我国具体的经济实践。王珏、曹立在分析我国西部地区产业结构升级时就提出，体制机制的创新是实现西部地区产业结构优化升级的必要条件。[①]体制机制的创新在于发挥自身的比较优势，具体而言就是使自己创造经济剩余和进行资本积累的可能性最大限度地发挥出来，在最大限度发挥创造经济剩余能力过程中充分发挥自身的相对比较优势。[②]在这一时期，西方产业结构理论和马克思主义的产业结构思想开始出现融合。在对马克思两大部类的研究中，一些学者认为三次产业分类的思想事实上已经暗含在两大部类的假设当中，张华夏认为第三产业其实是第二部类中脑力劳动者逐渐增加而形成的文化、教育等产业形态。[③]从这个角度上看，产业结构的现代化问题必然包含在马克思主义理论的研究范畴之内了。另外，马克思的产业结构协调思想、产业结构升级思想、产业结构组织创新思想、产业结构布局思想以及产业布局思想都为我国产业结构的现代化提出了有益借鉴。[④]在具体的研究中，周肇光 (2006) 对马克思的产业发展思想进行了系统性总结，在社会再生产理论的基础上，他指出马克思关于产业基本要素的协调、关于产业发展社会化协调的产业协调思想、关于产业经济结构之间的协调、关于产业分工与协作中的协调以及关于产业运行中消费与生产之间的协调具有重要的理论意义。

随着我国市场化程度的深入，我国学者对产业结构理论的研究进入了第三个阶段，时间跨度为党的十八大以后，这一阶段产业结构理论的突出特点是开始逐渐形成具有中国特色的产业结构现代化理论。在党的十七大报告中，

---

① 王珏，曹立：《反梯度理论与西部产业结构调整》，《经济学研究》2002 年第 3 期。
② 林毅夫，李永军：《比较优势、竞争优势与发展中国家的发展》，《管理世界》2003 年第 7 期。
③ 张华夏：《马克思论劳动异化和产业结构》，《学术研究》2014 年第 4 期。
④ 刘涛，霍静娟：《马克思产业发展思想对现代产业体系的启示》，《商业时代》2014 年第 11 期。

现代产业体系被首次提出。唐家龙认为现代产业体系具有动态性、先进性、可持续性的特征。[①]同时，开始用现代化的观点对产业结构进行解析。首先，明确了经济现代化和现代化经济的区别。梁发文、何爱国认为现代化的经济包括农业现代化、工业现代化、服务业现代化、科技现代化、消费方式现代化、生活方式现代化、市场化、产业化、城镇化、信息化、创新化等。[②]党的十九大以后，随着我国现代经济体系这一宏观概念的提出，建设现代化的产业体系，也就是产业结构的现代化问题越来越受到重视，如由中科院发布的《现代化报告》提出了 21 世纪我国产业结构现代化的三个发展阶段。在第一阶段是要在2035 年前后完成向服务经济的转型，全面建成服务经济强国和制造业强国；在第二阶段是要在 2050 年前后完成向知识经济的转型，全面建成知识经济强国和现代化产业体系；在第三阶段是要在 2080 年前后全面实现产业结构现代化，产业结构、产业体系和经济体系达到世界先进水平，全面建成现代化经济强国和知识经济发达国家[③]。其次，开始关注制度性因素对产业结构的影响。这方面的研究又可以分为两个层次，一是微观领域的研究。主要是就具体制度安排对特定产业的影响，如贾春梅（2016）提出制度创新在促进各种资源在海洋新兴产业的集聚以及在新一轮海洋经济发展中的产业结构调整具有重要意义。陈曦（2017）对我国的互联网产业与相关的制度研究发现，在我国互联网产业高速增长阶段，制度创新提升了产业环境的可靠性，为中国互联网产业的有序发展起到重要作用，李得和、龚时薇（2018）指出社会保障体系中的医疗保险制度对医药产业结构、产品结构以及关联产业具有正相关性，全民基本医疗保险制度对我国医药产业的发展有显著的促进作用。二是偏宏观方面的研究。如朱家良（2000）认为产业结构的现代化是一个过程。这一过程的基本特征是时代性、

---

① 唐家龙：《经济现代化与现代产业体系的内涵与特征》，《天津经济》2011 年第 11 期。
② 梁发明，何爱国：《改革开放四十年中国现代化的成就与经验》，《党史文苑》2018 年第 5 期。
③ 朱文：《我国学者提出产业结构现代化路线图——建议加快实现向服务经济和知识经济的结构转变》，《中国青年报》，2018 年 10 月 8 日，第 2 版。

动态性、系统性、开放性以及市场性。① 其中,时代性是指产业结构的现代化必须以具体的时代发展为背景,脱离时代发展的产业结构现代化是违背经济社会发展规律的。动态性是指在产业结构现代化转型的过程中,产业结构整体以及产业结构内部是时刻变动的。联动性指各产业之间以及产业与环境的是联动的。系统性是指整个产业结构的现代化过程是一个系统性工程,必须作为一个整体进行研究。产业结构的开放性是指必须以开放的观点看待产业结构的现代化。最后,产业结构的市场性就是将产业的发展放在市场的环境中,否则将不利于资源的最优配置。黄益新(2015)认为制度能提高劳动效率、资本配置效率以及为技术进步创造条件,从而促进经济增长。② 左伟(2015)认为制度创新对战略性新兴产业发展具有最大蕴含的动力性、最大限度的激励性和最大成效的保障性等功能,是其发展的动力源泉。徐飞、武鑫和宋波(2018)对战略性新兴产业技术变迁和制度环境的交互作用研究发现,战略性新兴产业技术与制度创新具有共同演化的特征。

通过以上我国对产业结构的研究发现,产业结构正日益成为学术界的一个研究热点。而之所以出现这一特征的原因有三。一是随着我国经济的发展,作为一个过程的现代化命题越来越清晰。二是我国产业结构整体的素质具有加速的现象,由此便有了相关研究时间间隔变短的现象。三是对于产业结构的相关体制机制等制度逐步完善,由此推动了产业结构现代化研究的加速。本文倾向于第三种原因,即制度性因素在产业结构现代化过程中的作用。

**2. 制度创新相关研究**

一般认为,西方国家对制度进行研究最早萌芽于 19 世纪中叶的旧制度经济学,但在我国古代,制度就已经成为一个固定的词汇。在《汉书·元帝纪》中就有相关记载,"汉家自有制度,本以霸,王道杂之。"回到制度创新层面,我国学者对制度创新的问题研究分为两个维度。一是直接对制度创新进行研究。

① 朱家良:《关于产业结构向现代化转型》,《浙江经济》2000 年第 3 期。
② 黄益新:《转型背景中制度内生的增长模型设计》,《经济问题探索》2015 年第 9 期。

二是间接性对制度创新进行研究。就第一方面来说，对创新的研究多是就创新而谈创新，往往是就某一具体领域中的制度创新进行探讨。就第二方面则是对制度问题进行深刻剖析，如有的学者就从制度的内生性问题出发，如王松茂在2006 年首次提出了制度内生性问题对经济发展具有重要意义。黄宗昊将制度形容为镶嵌的自主性。[1] 对于发展中国家而言，李智的研究表明发展中国家要重视本国制度的特殊性，通过不断提升制度的质量，可以促进经济的增长。[2] 黄少安则指出制度结构内生性问题有两个方面的含义，首先是制度主体与制度结构具有嵌入性；其次是制度与经济结构二者之间具有互动性。[3] 韦森更是提出了建立在特定文化基础上的制度才是决定一国经济绩效的关键。[4] 赵文强和陶一淘强调制度的内生性问题，但强调的是以上层建筑为导向的意识的转变对于经济发展的影响。然而，通过改革开放之初的经济实践可以发现，制度的变革并不是完全由上至下产生的，而是从上到下和从下到上均衡演变的结果，而结构背后的原因就在于这种制度变革本身就是内生于制度本身的。随着对制度问题研究的深入，制度创新与现代化的关系成为学术界的热点问题之一，认为制度创新是内生于现代化过程当中的，如吴忠民教授认为自觉中国式现代化建设表现为：现代化建设道路选择的自主性和科学合理性；现代化建设动力的聚合；现代化建设推进的共生性。[5] 由此，便提出了现代化进程中的制度聚合思想，在彭和平所著的《制度学概论》中，他对制度的聚合性问题进行了探讨，他认为制度的聚合力分为集体聚合力和群体聚合力两种，其中集体聚合力是指原有集体的凝聚力，进而在人们分工协作、共同努力的基础之上产生的一种集体的力量，而群体内聚力是指人们结成群体后，在群体内部产生的一种向心力和亲

---

① 黄宗昊：《中国模式与发展型国家理论》，《当代世界与社会主义》2016 年第 4 期。
② 李智：《制度内生化的经济增长模型》，《特区经济》2007 年第 1 期。
③ 黄少安，刘兰勇：《制度结构变迁的中国式现代化理论》，《学术月刊》2014 年第 11 期。
④ 韦森：《文化精神、制度变迁与经济增长——中国 - 印度经济比较的理论反思》，《国际经济评论》2004 年第 7 期。
⑤ 吴忠民：《中国现代化建设模式的转变——从外在拉动型现代化到自觉中国式现代化》，《江海学刊》2018 年第 5 期。

和力。显然，彭和平的制度聚合力的观点是从社会学角度出发的，但他也为本文的中国式现代化制度提供了一个视角，就是将这种观点经济学在产业结构中的制度聚合，就是可以增强产业结构凝聚力，使产业结构各主体产生一种向心力和亲和力。

制度创新对产业发展具有积极影响。就第一产业的发展来看，席利卿等认为农业周期性波动的重要原因在于不同阶段农村土地制度、价格制度、财政制度及税费制度的变迁。李谷成（2014）等在考察资本积累、制度变迁与农业增长关系时，也得出制度创新是农业增长重要动力的结论。[1] 石自忠（2018）通过实证分析，研究了制度性因素对农业经济发展的长期影响，发现改革开放以来的制度变迁对农业经济内部结构的运行具有重要影响。[2] 制度变迁对农业经济增长具有显著影响。[3] 就第二产业的发展来看，王云平（2002）指出制度对工业结构的演化具有结构效益，制度的结构效益包括对资源供给、资源配置和利用效率，人们的福利提升。[4] 张雅茹通过对世界银行的数据分析发现，一国的制度质量对企业的研发能力具有重要的影响作用。[5] 刘贯春（2018）通过对最低工资制度的分析发现，最低工资标准提升有利于工业发展，但不利于农业和服务业的发展，农业抑制效应和工业增长效应主要体现在经济落后地区和经济发达地区，而服务业抑制效应在所有地区均有体现，且最低工资制度对于产业内部的结构变迁具有一定解释力。[6]

现代化产业体系的建立需要相应的制度创新。对此，冯俏彬（2018）认

① 李谷成，范丽霞，冯中朝：《资本积累、制度变迁与农业增长———对 1978—2011 年中国农业增长与资本存量的实证估计》《管理世界》2014 年第 5 期。

② 石自忠：《制度变迁对中国农业经济增长的影响》，《华中农业大学学报》2018 年第 5 期。

③ 石自忠，王明利：《制度变迁对中国农业经济增长的影响》，《华中农业大学学报（社会科学版）》2018 年第 5 期。

④ 王云平：《工业结构升级中的制度效应》，博士学位论文，中国社会科学院研究生院，2002 年，第 35 页。

⑤ 杨曼，王仁祥：《制度悖论、产业链信息化密度与企业研发联盟倾向》，《制度悖论、产业链信息化密度与企业研发联盟倾向》2017 年第 7 期。

⑥ 刘贯春，吴辉航，刘媛媛：《最低工资制度如何影响中国的产业结构》，《数量经济研究》2018 年第 6 期。

为今后建设我国现代产业体系不能再依靠各类选择性的优惠政策，而应当加快完善市场经济的相关基本制度。关大卫（2017）提出经济活动行为准则要与生产力相适应的关系，以及制度的规模经济功能是产业升级的制度需求。葛立宇、王峰（2015）指出创新需要制度和政策双轮驱动，其中制度发挥基础性激励作用。杜传忠、刘英华（2017）通过对历史上三次产业革命中主要国家制度变迁历史的考察，发现正是由于在技术创新、要素供给、生产组织等方面的制度创新，使英、德、美、日等国家率先在产业革命中获得快速发展，实现后来居上。相反，与美、德相比，其后英国的衰落、日本"失去的二十年"等，也正是由于制度创新缓慢导致的，范志海将制度创新受到阻碍的这种现象称为制度创新的内卷化问题。[1] 在不同国家的比较研究中，制度创新对提升产业绩效中具有关键性作用。在黄少安关于中国和印度产业结构的差异性的一篇文献中，他指出中印两国产业结构的差异是由制度所造成的，制度的不同层次决定了两国的比较优势，从而决定了企业可以利用的要素结构。[2][3] 赵静（2018）等学者以"制度塑性"这一概念探讨了产业政策通过影响产业结构的变化进而可以在一定程度上影响国家的制度走向。[4] 鲁鹏（2018）指出制度安排是中西社会发展差异的原因，影响制度变迁的历史因素是制度差异的原因。[5] 李富强（2008）等将制度变量引入增长模型发现，当制度完善时，经济增长主要体现为技术进步和人力资本发展，而当制度不完善时，经济增长会受到制度的限制。[6] 发展战略性新兴产业，关键在于制度创新。徐飞（2018）等人对战略性新兴产业技术变迁和制度环境的二者的关系

---

① 范志海：《论制度创新中的"内卷化"问题》，《社会》2004 年第 4 期。

② 陈玮：《比较制度优势与产业结构差异：中印两国产业结构的差异及其原因》，《上海交通大学学报（哲学社会科学版）》2017 年第 5 期。

③ 陈玮：《比较制度优势与产业结构差异：中印两国产业结构的差异及其原因》，《上海交通大学学报》2017 年第 5 期。

④ 赵静，王宇哲：《产业政策的治理逻辑及制度塑性》，《学习与探索》2018 年第 1 期。

⑤ 鲁鹏：《中西制度变迁若干历史因素比较》，《山东大学学报（哲学社会科学版）》2018 年第 4 期。

⑥ 李富强，董直庆，王林辉：《制度主导、要素贡献和我国经济增长动力的分类经验》，《经济研究》2008 年第 4 期。

进行了探讨，指出战略性新兴产业的发展不仅仅是技术研发和突破，更是新兴产业培育发展的体制机制的创新设计。由于宏观层面社会的政治和经济制度，以及主流的企业组织和管理实践依然受到旧范式的影响，并没有转向新兴技术，这种冲突会最终激发宏观层面的制度变迁和微观层面的组织变革。[①]对外开放度、市场自由化水平和政府干预程度三项区域制度变量作为重要的外部力量，会影响甚至改变区域产业演化的路径和方向。[②] 新结构经济学认为一个经济体不同时点的经济结构是由那个时点的要素禀赋及其结构决定的，应该发展与当前要素禀赋结构相吻合、具有比较优势的产业。发挥国家对制度创新的引领作用和意识形态在经济结构变迁中的功能。[③]

### （二）国外研究进展

19 世纪中叶，对制度性因素与产业发展二者之间关系进行探讨的学者是马克思和凡勃仑。在马克思的分析范式下，经济制度为资本主义的诞生提供了前提条件。在《德意志意识形态》一书中，马克思分析了资本主义及历史上诸种社会形态的生产力发展状况，指出随着社会生产力的发展必然引起产业部门之间、城市和乡村之间以及地域经济之间的分工和协作。与马克思有相似观点的是，旧制度经济学派的代表人物凡勃仑认为资本主义中的制度是随外部环境所产生的，资本主义的发展是制度的前提，通过资本主义的竞争，产生了制度更迭的现象。[④]

19 世纪 70 年代，德国历史学派经济学家李斯特在目睹了德国和美国的经济发展状况后，提出了致力于发展国家经济的生产力理论，他认为创造财富的生产力比财富本身要重要的多。在此基础之上，他进一步提出了所谓的

---

① Bodrozic, Z. , Adler, P. S. The Evolution of Management Models： A Neo-Schumpeterian Theory. Administrative Science Quarterly，（2017）： 220

② 颜艳，贺灿飞，王俊飞：《产业关联、制度环境与区域产业演化》，《北京工商大学学报（社会科学版）》2017 年第 1 期。

③ 王怡靓：《诺思制度变迁理论对国家治理的启示》，《金融经济》2018 年第 14 期。

④ 尹文清：《凡勃伦与美国制度经济学》，《理论学习》2005 年第 2 期。

"幼稚产业保护理论"。同时，在李斯特的研究中，最早提出了产业结构平衡发展的概念。一方面，李斯特指出各部门之间的交互式需求是各工业部门能够实现平衡增长的基本条件。另一方面，知识和技术的外溢性使得各工业部分之间的技术进步会以一种相互促进的方式发生，从而在整个工业体系中形成一种技术变迁的正反馈机制。在推动产业结构平衡发展过程中，国家所提供的制度具有重要意义，制度为产业比较优势的发挥提供了机遇。在此基础上可以推动技术的进步，要素结构和生产组织的优化。

20 世纪三四十年代，基于战争的需要和提升产业竞争力，世界各主要发达国家大力发展本国的产业，产业的发展实践推动了相关产业理论的形成。1935 年，费希尔根据人类经济活动的发展阶段，将产业活动进行了三次分类，基于费希尔的产业结构理论，克拉克提出了著名的配第·克拉克定理。同年，日本经济学家赤松要提出了实现产业赶超战略的雁行发展理论。在这一阶段，诺斯是首个在制度上探讨了制度性因素对经济增长的西方学者，在《制度、制度变迁与经济绩效》一书中，诺斯通过比较第一、第二、第三次产业革命发生国的制度框架发现，第一次产业革命的发生不仅仅是技术进步的结果，而是英国政府采取了一系列措施，如通过颁布专利法规、金融保险、土地产权等制度构建的结果。

20 世纪五六十年代，产业结构理论进入到了与数理化分析方法相融合的发展阶段。在这一阶段。里昂惕夫根据产业生产的投入产出关系提出了投入——产出分析。同时，随着发展中国家逐步摆脱殖民统治，走向现代工业文明。1954 年，刘易斯提出了发展中国家由传统社会走向现代社会的二元经济结构模型。二元结构模型的提出意味着经济的发展要扩大资本部门，缩小传统农业部门。1958 年，《经济增长理论》全面分析了影响经济发展的经济因素和非经济因素，其中包括资本积累、技术进步、人口增长、社会结构、经济制度、宗教、文化历史传统、政治、心理等。同年，赫希曼在《经济发展战略》一书中提出了不平衡发展理论，突破了早期发展经济学家限于直接生产部门和基础设施部门发展次序的狭义论证，代之以国民经济计划制定是否应优先、重点发展某些部门的广义探讨。同时，德国经济学家霍夫曼对在工业化进程中产业结构的演进做了开创性研究。他把结构型变量引入需求方程式，提出了著名的霍夫曼比例和霍夫曼工业化经验法则。

20世纪70年代以后，结构性主义的观点开始逐渐成熟，其中以罗斯托和库兹涅茨等人为代表。罗斯托、库兹涅茨等人认为，结构性问题是经济增长的本质，其中，产业结构作为经济增长的主要方面，应该注重分析的内容。而库兹涅茨认为，经济增长是一个量的问题，而产业结构是部门之间的问题，部门间的关系应该与经济增长共同分析。在他看来，一个经济体要实现真正的发展，经济量的增长是前提，在此基础之上，要确保部门结构调整。其主要依据是，消费者需求结构的变动直接拉动生产结构的变换，而消费者需求结构的变化是和经济增长的变化直接联系的，同时人均产值的增长率越高，消费者需求结构的改变也就越大。也可以这样理解，经济总量的高速增长率引起消费者需求结构的高变化率，消费者需求结构的高变化率又拉动了生产结构的高转换率，也就是应从培育市场入手推动经济结构变化，而不应从供给入手推动经济结构变动和经济增长。在库兹涅茨的基础上，罗斯托认为部门分析是揭示现代经济增长的关键因素。组成国民经济的各个产业部门的联系构成了经济增长原因的关键。同时，结构主义强调技术在产业部门形成的作用。两者的区别在于，前者强调总量对经济结构的拉动效应，后者强调结构本身具有自我独立发展的特征，即技术创新和技术扩散行程了主导产业的替代，进而创造了收入增长进而导致总量增长。因此，总量的增长是结构演变的结果，而不是原因。20世纪70年代以后，随着日本、韩国等国家在产业政策上的成功，产业结构日益成为研究的重点内容。在日本，由日本经济学家赤松要提出的产业发展的"雁行形态理论"世界后发国家对产业结构现代经济增长的主题是结构的调整。

20世纪80年代，是后发国家产业结构现代化经验理论化的阶段。以日本为例，1981年，日本经济学家地龙一郎提出了产业结构软化的概念。他认为产业软化是历史的潮流，时代的需求。在此基础上，国内外学者对产业结构软化进行了研究。在这一阶段，日本著名制度经济学家宇泽弘文在以新制度经济学位研究视角，提出了社会共通资本的概念，并在《社会共通资本》一书中详细阐述了社会共通资本的内涵、特征和目的，并着重指出社会共通资本的形成和发展是解决发展中国家问题的一条有效路径，建立在社会共通资本功能之上的产业结构优化是实现日本富强的重要条件。国外学术界认为产业结构软化是指各产业发展中，有形产品和资源等硬生产要素的作用日益降低，而知识、技术、服务和信息等软生产要素的作用在日益增大。作为新经济史学派的代表，道格拉斯·诺斯在《西方世界的兴起》和《经济史中的结构与变迁》中指出为国家制度、产权和意识形态是决定经济进程的关键因素，有效的产权制度安排能够使私人收益率接近社会收益率，并成为发挥激励作用、促进经济增长的关键因素。

近年来，西方发达国家的学者对制度与产业结构二者之间的关系进行了详细的研究。Michael Stuetzer（2016）等学者对英国地区间的产业集聚与正式和非正式制度之间的关系进行了实证研究，发现由正式制度和非正式制度所产生的人力资本存量和专业化程度是产业集聚得以存在的原因，并对产业结构的优化升级具有重要影响。[1]Fei Hu（2016）在研究了中国和美国的产业结构后发现，造成两个产业结构差异的原因在于产业组织中的等级制度节点的不同，节点联结的方式差异决定了产业结构的演进方式。[2]Liu Huang（2017）对中国和美国的产业结构和城镇化的研究指出，在今后的产业结构调

---

[1] Michael Stuetzer a,b, Martin Obschonka c,d,n, DavidB.Audretsche,Michael Wyrwich f, PeterJ.Rentfrowg, Mike Coombes h, LeighShaw-Taylor i, Max Satchell：Industry structure, entrepreneurship, and culture： An empirical analyst is using historical coalfields，European Economic Review 86(2016)52-72.

[2] F. Hu, S. Zhao, T. Bing, Y. Chang, Hierarchy in industrial structure：The cases of China and the USA, Physica A (2016),http：//dx.doi.org/10.1016/j.physa.2016.11.083.

整过程中，应注意城镇化对产业结构的影响。①

## （三）研究述评

自第二次世界大战以来，发展产业经济成为世界各国经济增长的核心内容，发达国家寄希望于优势产业的发展，实现更大的市场和更高的发展水平，而对于发展中国家而言，其更希望通过发展具有比较优势的产业，实现对发达国家的赶超。在这一阶段，随着各国产业实践的深入，产业结构理论逐渐兴起并在实践中指导着各国的经济实践。然而，产业结构的现代化并不是沿着一条固定的轨迹实现的，现在西方产业结构理论在某种程度上所具有独占性并不能有效的指导不同国家的产业发展实践。结合已有研究，本书认为现有的研究仍存在以下几点不足。

第一，产业结构现代化模式的单一性。历史的发展表明，并没有一条普世的现代化道路适合于每个国家的发展，也就是说西方式的产业发展现代化道路并不是完全意义上的现代化道路。而实际的情况应该是按照马克思主义现代化理论的观点，由于每个国家的国情不同、文化不同、历史不同，每个国家的现代化道路存在较大差异。尽管西方的理论表明了产业结构演进的一般规律，但这种规律仅仅是产业经济发展的外在形式，而其内在的本质、内涵、机制是完全不同的。因此，产业结构现代化模式应该是内生的、多元的。

第二，制度分析的形式化。由于现代化道路的不同，各个国家的制度模式也存在较大差异。通过以上的研究发现，现有研究多是就制度而言制度，很少有学者研究制度背后的成因及特征。这种形而上学的观点充分显示出现代西方经济学对具体经济发展实践理论指导上的匮乏性。

第三，研究范围的狭窄性。通过以上研究发现，现有研究多集中在具体生

---

① Liu xiuhuang, American Journal of Industrial and Business Management, 2014, 4, 531–544.Published Online September 2014 in SciRes. http://www.scirp.org/journal/ajibm http://dx.doi.org/10.4236/ajibm.2014.49059.

产要素上的研究，而对各国的制度性差异研究较少，各国的产业结构内在的制度性因素的研究更是凤毛麟角。中国的产业结构现代化具有复杂性、艰巨性。中国改革是道格拉斯所说的"有效制度变迁"，伴随着经济体制的改革，中国从一个充斥着禁锢和停滞的社会转变为一个充满希望和活力的新社会。

## 三、研究框架

本书从产业结构的一般理论、现代化理论以及新制度经济学理论出发，依据产业结构现代化的实践，提出了中国式现代化制度创新的理论命题。本研究提出的这一理论范畴认为中国式现代化的制度创新既可以缓解产业结构现代化过程出现的诸多问题，又可以进一步促进今后产业结构的进一步演进。

如图 1 所示，本文研究的核心问题是产业结构现代化过程中的中国式现代化制度。具体来看，中国式现代化制度由内部制度因子和外部制度因子在催化的作用下形成的。同时，中国式现代化制度创新是历史发展的产物，在

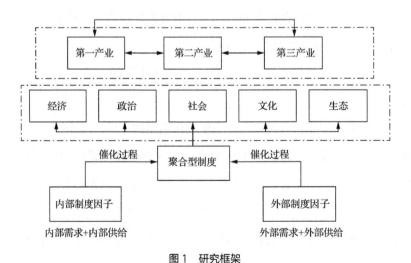

**图 1　研究框架**

Fig.1　Research framework

这一制度创新的过程中，会对经济、政治、社会、文化和生态产生影响。再者，对于产业结构而言，中国式现代化制度创新通过对第一、第二、第三产业的影响可以促进其现代化过程。

## 四、研究方法

任何经济学理论的形成都是一个复杂的过程，过程中的主观条件，或者说研究者赖以从实际矛盾中规定经济学说体系的，就是研究方法。一般而言，科学的方法来自科学的认识论，只有建立在科学的认识论基础之上的方法才能指导具体的科学实践，建立在科学方法之上的理论研究对于理论的进一步发展具有重要意义。就总体的方法论而言，本书所应用的主要方法是基于整体主义的制度分析法，而一般研究意义上的个人主义方法论则不作为本书的方法指导。显然，产业经济中的分析范式并不要求个人主义方法论的假设，而且，就现实的产业经济实践而言，个人主义的方法论也与现实不符。在经济政策层面看，经济的协调不可能只是市场上的价格信号问题，而且还必须得到广泛范围的其他经济的、社会制度的支持。同时，正如诺斯所言，制度分析修正了新古典经济学的分析工具，并在之前静态分析的基础上引入了时间维。

具体来说，本论文在研究撰写的过程中主要用到了如下研究方法。

### （一）文献阅读和实地调研

通过系统梳理、追踪关于制度与产业结构现代化等领域的学术文献、政策文件、研究报告等相关资料，并分门别类进行整理、总结并评价，形成对研究主题的初步认识并对深入研究提供理论支撑。在此基础上，通过实地调研实际调研了不同产业发展的具体实践。在此基础上，进而深入剖析我国产业结构在现代化衍进过程中的历史、发展现状、存在的困境等，在调研过程中积累大量的一手资料，加深了对制度经济学、新制度经济学和产业经济学之间的实践认识。在文献阅读和实地调研的基础上，在一定程度上了解了相关前沿成果，提高了研究的深度，拓宽了研究的视野。

### （二）比较研究和历史分析

经济学作为一门社会科学，必然要进行横向研究和纵向分析。横向研究就是对不同国家或地区的研究领域和内容进行细致解剖，具体而言，就是通过搜集发达国家制度与产业发展之间正向相关的证据和资料，为本研究进行横向论证。而纵向分析，就是通过历史的分析二者之间的关系，论证制度与产业二者之间存在经验上的事实依据。

### （三）理论构建和实证研究

理论构建和实证分析是研究性工作的两个基本内容。本书在理论构建方面充分借鉴了前人的研究成果，以符合我国国家产业发展方向的价值判断为出发点，基于国家发展现实，建立符合我国迈向新的现代化的理论框架。同时，综合实证研究方法，通过对制度性因素的相关数据分析，本书以量化的形成对产业结构的现代化命题进行了分析。

## 五、可能的边际贡献

随着我国生产力水平的不断提升，现如今我国的生产关系已进入了一个急剧变革的历史时期发展阶段。高质量经济发展的客观历史诉求一方面要求与有先进的生产力作支撑，另一方面更要求有与之相适应的生产关系作保障。制度与产业作为现代经济增长的两个方面，对其进行研究具有重要的现实意义和理论意义。

一是在产业结构优化的一般理论基础上，提出了产业结构现代化的理论命题。党的十八大将推进经济结构调整确定为今后阶段最重要的战略任务，而产业结构调整是其核心内容。在之前的研究框架中，理论界多是对产业结构的合理化和高级化作为分析的一般思路，也就是过于强调西方产业经济学的科学性，而缺乏一定的批判性。然而，要成长为真正的产业强国，必须以我国具体的历史的现实条件为依据，走具有中国特色的产业结构现代化道路。产业结构现代化的目的，或者说我国社会生产力发展的最终目的是实现共同富裕，进而实现每个人的全面而自由的发展。但就近期目标而言，产业结构的调整要保障如期全面建成小康社会，在此前提下，要为基本实现现代化和全面实现现代化奠定物质基础。

二是将制度性因素纳入产业结构现代化的分析框架之下。市场经济在我国的发展就像一粒种子，在改革开放的历史契机下冲出土壤，经过四十年的成长，现今已经有了一棵大树的模样。然而，如何确保其能枝繁叶茂以及长久繁荣是一个值得思考的问题。作为中观经济学范畴，产业结构是宏观经济财政、货币、税收、预算等具体政策得以实现的载体，也是培育国家经济竞争力最优有效的工具；在微观经济学的视域里，产业结构借助企业的生产转换能力满足消费者的各种需求欲望。然而，从近代以来的我国产业发展实践来看，由于自身初始禀赋条件的不足，以及外部环境的封锁，制度性因素一直是影响我国产业发展的关键因素。即使现今我国的经济总量已经占据世界第二位，但制度的现代化仍是确保实现产业结构现代化的重要保障。换句话说，现代化产业体系的实现需要体制机制的不断优化，需要灵活有效运行的机制安排。马克思主义的一般观点认为，"理论在一个国家实现的程度，决定于理论满足这个国家的需要的程度。"[①]产业结构现代化的制度研究既要重视生产力的决定作用，又要重视生产关系对生产力的反作用。在一般性增长理论的框架下，着重分析制度性因素对于我国特殊国情的研究具有重要的实践意义。以制度分析为节点，连接了微观经济和宏观经济，从而使得分析更具有现实指导性。本书的结论指出，国家只有不断的优化制度，才可以实现产业结构的现代化目标。

① 《马克思恩格斯选集》第一卷，人民出版社，1995年，第79页。

三是在产业结构现代化和制度性因素综合的基础上，利用经济史学的方法系统归纳研究了制度上的中国式现代化特征，最终得出我国未来产业结构调整过程中可能发挥作用的立体式分析框架。同时，本文强调历史性因素以及与之相伴随的制度性因素对现代化产业结构的影响，试图通过对新中国成立以后我国经济发展的逐步兴起在理论上进行说明。

四是在产业结构的现代化过程中正确处理市场、政府、企业和社会四者的关系。作为通过渐进式改革取得成功的发展中国家，我国的经济发展不仅要正确处理好市场和政府的关系，更要处理好企业和社会的关系。一方面，十三届三中全会到党的十九大，我国在四十年的艰辛探索走出了一条具有中国特色的社会主义市场经济道路。这条道路的根本就是要妥善处理市场和政府的关系，既要以市场经济自身追求效率，又要以政府追求公平。在产业结构的现代化过程中，市场和政府的关系就是如何一方面实现要素资源在三次产业结构中的最优配置，又要发挥政府部门在消除贫困、改善民生、保护环境等方面的有为作用。另一方面，在产业结构现代化过程中，企业和社会是产业活动的主体，只有通过市场主体、社会主体和全体社会成员的共同努力，才有可能实现经济效率的帕累托进步。

五是强调了产业结构在现代化过程中的功能主义。自 20 世纪 60 年代以后，功能主义在经济学、管理学和社会学中得到了广泛应用。而在产业结构研究中，功能主义的观点仍然较为少见。但不可忽视的是，产业结构现代化的功能是一个十分值得探讨的理论问题。研究产业结构现代化的功能，一方面可以加深外部性理论在产业结构现代化中的应用，从而拓宽了产业结构的理论边界。另一方面也可以实现不同层次产业的融合发展，从而可以更好的指导产业实践。总而言之，而结构功能主义理论为重新认识产业结构的现代化功能提供了一种新的视角。

# 第二章　产业结构现代化转型的基础理论

人类历史的发展过程就是从传统社会走向现代社会的过程。在这一过程中，原始的初级产业结构向现代的复杂的产业结构进行调整转变。其中，制度性因素与产业结构的关系是在这一过程中生产关系和生产力在产业领域的具体表现。党的十九大报告指出，我国要在今后实现新的现代化，由此产业结构的现代化命题呼之欲出，而相应的制度创新也应运而生。那么，在研究制度创新与产业结构现代化的关系之前，必须要对相关理论基础进行总结归纳，进而在此基础上构建起新的理论框架。

## 一、现代化理论

自近代以来，中国本身没有"现代化"这一概念的具体表述，也就是说，"现代化"一词是与"共产主义""德先生""赛先生"等西语词汇一样是舶来品。根据韦氏词典，现代化起源于现代，对应的"Modern"一词约产生西方的中世纪，特指1500年之后的历史发展阶段。现代意义上的"Modernize"是伴随西方新的生产方式而产生的，也就是说是新的生产力形式推动了现代化这一概念的产生，因而其基本含义具有鲜明的实用主义倾向，具体而言就是使某类事物现代化，使其适合现代的需要。在"现代化"这一概念生产的两百多年里，其内涵不断丰富和发展，而相应的现代化理论也是百花齐放、百家争鸣。

### （一）现代化的产生

"现代化"概念的出现与新的生产方式的产生相伴而生。发轫于18世纪后期到19世纪中叶的第一次工业革命直接催生了早期的现代化理论。早期的现代化理论是经济发展历史中的重商主义、重农主义思想的集合，其根本出发点在于为新生的资产阶级提供理论支持，在政策上为新的生产方式摇旗呐喊。如图2所示，由于新的生产方式的出现，生产关系开始发生变革，人类开始逐步迈入现代化社会。在现代化的过程中，根据生产力发展水平的不同，可以将现代化分为下面几个阶段。

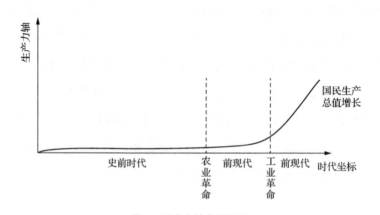

**图2　现代化的发展阶段**

Fig 2　The development stage of modernization

在第一次产业革命浪潮的席卷下，早期的现代化诞生了。在这一时期，机器的使用直接导致现代社会的出现。一是蒸汽机的改进。早在18世纪中期，蒸汽机已经开始零星被使用在部分手工业，但由于成本高昂，对煤的需求量大，造成蒸汽机的使用较少，随着瓦特对蒸汽机的改进以及对煤炭新开采方式的发现，蒸汽机逐步推广开来。从1800年到1825年，英国蒸汽机的台数和功率已经达到前一个世纪的几十倍。同时，随着新的生产方式的扩散，欧洲各国纷纷引进先进技术，到19世纪40年代，欧洲的各主要国家都已经普及了蒸汽机。蒸汽机的使用大大的促进了生产力的发展，同时促进了生产组织的进步，通过产业关联的波及效应，采矿业、机器制造业、钢铁冶炼业以及交通运输业等部门逐渐发展起来了。二是纺织机和织布机的改进。18世纪中叶，经过凯伊、慧勒、哈格里沃斯、阿克莱特、卡特莱特等人的努力，纺织机的效率和功能得到极大提高，同时伴随着蒸汽机被应用到纺织业，轻工业领域开始发展起来。三是轮船、火车等新式运输工具的发明。无轨火车、蒸汽机车的发明使地域之间的空间距离因时间的缩短大大降低。由此开始，西欧各国开始了修建铁路的热潮，陆路交通时代正式开始。另外，轮船的发明也开启了海上交通的新时代。1838年，美国人富尔顿发明了第一艘实用型的蒸汽轮船。1838年，史密斯建造成功第一艘螺旋桨推动的轮船。水上交通的发展和陆地交通的发展促进了交通运输业的发展。综合以上三点，在产业革命的发源地英国，主导产业的发展逐渐由第一产业转型至第二产业，实现了早起工业式现代化。同时，在产业革命的影响下，世界开始了第二次的世界经济大分工，由机器武装起来的先进工业国与传统农业国的分野开始出现，东方开始从属于西方。

　　早期现代化是历史累计的结果，是中古世界向资本主义兴起的特殊阶段。在《资本论》中，马克思仅仅看到了产业革命对社会的全面影响，但忽视了早期社会的发展对产业革命的影响[①]。先于产业革命之前的文艺复兴、宗教革命、思想启蒙等精神和制度上的准备是一个艰难而曲折的过程。具体而言，市场制度的创新为现代化的推进奠定了根本基础。从15世纪到17世纪的两百年中，英国以其有利的地理位置、优越的自然资源以及外向性的经济发展策略，先后发生了商业上和生产上的变革，前者不断催生后者的推进，旧的生产方式逐步被新的生产方式替换，落后的生产关系逐步被新的生产关系取代。在农村，圈地运动迫使佃农阶级离开土地，成为资产阶级的雇佣劳动力。

---

　　① 注：尽管在《资本论》中，马克思对早期资本主义发展的历史条件叙述较少，但不能否认在马克思的早期研究中社会历史性因素对资本主义生产方式的积极影响，而这一点也可以在马克思·韦伯的论述中发现，马克思·韦伯认为，宗教改革与新教伦理观的兴起，极大的促进了产业革命与资本主义的出现。

在资产阶级的掠夺下，土地不再成为农民赖以为生的单一生产资料，新型的土地私有制和大租佃制农场取代了小农土地所有制。在城市，旧有的行会制度逐渐瓦解，代之兴起的是各种行会、合伙公司以及股份公司等。总而言之，在这一时期，资本主义生产方式中，工场制度以及公司制度的雏形开始出现。

同时，政府支持下的地理大发现导致世界市场的初步形成，使商人到手工业者，再到农民都为对外贸易和商品生产而运转起来，尤其是与对外贸易有关的工场手工业发展迅速，新式的国际贸易制度初步形成。为适应商品经济的发展，出现了银行交易所等，近代金融制度产生了。在日趋活跃的市场环境下，市场的运行机制逐渐健全。竞争的有序化成为新制度的必要条件，建立竞争规则，保护合法竞争、平等竞争，成为新兴工商阶级的迫切愿望，新式的国家为维护本阶级的利益颁布了一系列的正式制度框架。政治上，英国都铎王朝时期的亨利八世为了获得更多的财富开始扶植由新兴商人和新土地贵族。在此基础之上，一种新型的政党制度开始逐渐形成。新兴资产阶级和封建贵族之间利益的调和促进了议会民主政治体制的形成，议会民主体制为新兴资产阶级在经济上的进一步发展提供了制度上的保障。经济上，新式政府的出现给予了个人权力的新型制度安排。一方面，1624 年，英国政府颁布《专利法令》，该法令明确了商业专利的重要地位，被称为"第一个包括各项要点的国家专利法"，也是世界上首个对知识产权进行明确界定的法律文件，这个法令准许发明者有一定年限的专利权，是对个人财产的保护。另一方面，1679 年，英国通过《人身保护法》，该法明确了个人生命财产受法律保护。《人身保护法》的出台最大的意义在于为个人的商业利益保护奠定了初步基础。另外，是对知识这种特殊商品的保护。再者，是对经济外部环境的规制。1734 年，英国议会通过《取缔证券投资法》，该法令"禁止进行股票投机买卖的可耻行为"，禁止进行"一切有关证券现货或期货价格的赌博、抛盘和先卖权"。为了促进劳动力市场的形成，1662 年，英国废除《住所法》，使得人口自由迁移成为可能。另外，随着蒸汽机使用的增加，商品生产逐步由最初的工场手工业生产过渡到全方位的机械化生产，机械化生产促进了生产的专业化，生产的专业化促进了新型生产组织形式的发展，一种新型的生产组织方式——工厂制度开始形成。总之，在第一次产业革命的影响下，新的制度体系逐步取代旧的制度体系，政府和市场开始取代封建等级制成为实现资源配置的重要制度设计。

中期现代化是生产力发展的结果，是在生产组织形式全面变革的基础上产生的。在这一阶段，随着新的生产方式的传播，西方各主要资本主义国家相继完成了现代化。在欧洲，继英国完成初步工业化以后。工业化的中心开始转移到欧洲，在经历了一系列政治上的斗争以后，德国实现了政治上的统一，为经济上的发展奠定了政治基础。随着德国政府对工业的重视，科学技术革命中心的转移使得德国成为第二次现代化的核心。法国、意大利等西欧国家通过不断建立完善资本主义市场经济体系，资本主义现代文明也逐渐建立起来了。在俄国，农奴制度被废除，资本主义经济得到快速发展，尤其是十月革命以后，新的社会主义现代化模式形成。在美国，随着市场经济体制的形成，国内奴隶制度得以废除，新技术、新的生产方式在全国快速传播，现代化水平逐步提升。与西方国家形成鲜明对比的是，东方国家除了日本以外，其他国家的现代化能力和现代化水平均没有得到实质性的提升，而以战争等形式的强烈外部冲击使得东方国家屈从于西方式的现代化模式，其中以中国为典型代表。与第一次产业革命相比，第二阶段的科技革命主要是在基础科学领域，其中具有代表性的科技成果包括：一是 X 射线、放射性和电子的发现。二是爱因斯坦相对论的创立。三是量子力学的创立。四是对原子结构的探索。第二次科技革命中原创性的发明主要包括：一是新的能源的开发和利用；二是新的通信技术的发明和应用，包括无线电通信、电报、电视的发明；三是新的驱动母机——内燃机的发明和使用。由于内燃机的发明和改进，以重工业为代表的汽车、内燃机车、燃气轮机驱动的飞机等产业发展迅速。可以说，第二次产业实现了技术上和思维上的转变，从而为进一步的现代化奠定了新的基础。

从 20 世纪下半叶起，开始了第三阶段的现代化进程。在这一阶段，全球范围内的工业化基本实现，欠发达地区逐渐摆脱殖民统治，走上了独立发展的道路，不同国家、不同地区开始采用不同的道路和方式实现现代化，而发达国家也开始进入后工业社会。从制度层面上看，第二次世界大战以后殖民主义体系的瓦解和民族解放运动的兴起为后发国家的现代化进程提供了有力的外部条件，中国大陆、中国台湾、中国香港、韩国、日本先后进入现代工业社会，社会生产力水平得到大大的提升。从科学技术层面上看，第三次科学革命和技术革命为现代化的进一步发展提供了技术上支撑。新的生物学、化学、物理学以及更重要的计算机和核能的发现促进了生产力的进一步发展。同时，与工业化伴随的是社会结构的变化，而社会结构的变化导致现代化问题逐步被关注。后工业时代的发展带给了社会三方面的变化，一是财富集中度的上升。不论是在发达国家还是发展中国家，社会的财富被累积在了少数人手中。由此带来了严重的贫富分化，在资本主义最发达的社会中，最富裕的人过多的掠夺了一般人口的资源，使得社会矛盾不断激化。二是生态环境的破坏。通过西方发达国家的工业化历史也可以发现，工业化发展最繁荣的地方也是生态环境问题最多的地方。三是传统社会的异化。资本主义的生活方式给人带来了全新的消费生活方式，同时也使得人的生产生活产生了异化。对此，马克思的异化理论作了充分的说明。

## （二）中国的现代化理论

中国自身的现代化理论是一个发展的过程。从鸦片战争到洋务运动，从戊戌变法再到辛亥革命，中国的仁人志士不断探索中国走出被压迫、被殖民的现代化道路，从制度变迁的角度来看，早期的现代化是一种强制性外部制度输入型现代化。根据现代化产生的历史环境、内在动因以及初始制度禀赋的不同，大致可以将我国的现代化理论发展分为五个发展阶段。

第一阶段是以自强为主导的工具型现代化运动。鸦片战争以前，清王朝长期以天朝上国自居，对西方国家均称为蛮夷。由于不了解世界发展的大势，清王朝自乾隆时期就开始走向了衰落，直到鸦片战争，才迫使清王朝开始真正睁开双眼，认真观察世界的变化，开展了"师夷长技以制夷""中学为体，西学为用"的"洋务运动"。然而，"洋务运动"的开展尽管得到了全国上下的广泛支持，但就如何实现自强的具体措施上却存在较大的分歧，如曾国藩、李鸿章、左宗棠等地方实权代表认为自强要与学习西方联系在一起，而清王朝朝廷中的代表却坚持要维护封建伦理纲常，其代表人物是倭仁、刘锡鸿等人。在这样的分歧之下，清政府开始了局部的军事工业化进程，也就是通过发展部分军事工业维护清朝统治，从而可以维护清王朝的封建统治，试图通过实用主义的工具型现代化实现儒家精神统御国家制度的永久化，在对外关系上则可以防范西方列强的侵略。然而，单纯的发展局部军事工业并没有实现清王朝自强的目的，而是进一步加剧了统治的危机。

第二阶段是以立宪为目标的制度型变法运动。面对日益严重的经济社会危机，清王朝开始了第二轮的改革，在历史上也可以被当作中国现代化理论发展的第二个阶段。尽管戊戌变法仅仅存在了103天，但其意义对于中国的现代化进程是伟大的。首先，百日维新中的戊戌变法目标的多元化。与洋务运动简单的抵制外辱相比，鸦片战争之后的维新运动主要包括三方面的目标，一是经济上实现富国养民；二是政治上推进开明专制；三是在文化上倡导中体西用。其中，中体西用占核心地位。与洋务运动中的中体西用不同的是，维新运动中的中体西用开始反思传统文化意识形态中的保守成分，如张之洞、梁启超和康有为从不同角度对传统文化的辩论，这些辩论的最大价值是对以往占统治地位核心文化意识形态的否定和取代。因此，从现代化的角度来看，这一时期的理论发展具有进步意义。

第三阶段是国家凋零之后的自省式现代化理论。20世纪二三十年代以后，随着国家状况的日益危及，我国社会各界开始了对现代化问题激励辩论。在这辩论中，根据所代表阶层的利益表达，对现代化问题的辩论大致可以分为四个不同的派别。一是主张传统与现代化的割裂，这一观点的代表人物有张素民和石伦[①]。二是主张传统与现代化的统一，这一观点的代表人物有熊梦飞、嵇文甫。前两个派别主要是从学术界的观点来认识现代化问题的，而随着国家遭受日本侵略程度的加深，政治界开始了对现代化问题的讨论，其中国民党当局将现代化问题上升到了政治生活的高度，如蒋介石多次号召开展的新生活运动就是为了实现民族复兴和国家自由独立两个目标。然而，由于国民政府阶级基础的局限性，其现代化认识存在较大的片面性。在抗战以后，中国共产党人也提出了对现代化的认识，如毛泽东、周恩来、何干之、蔡和森等人都提出过自己的现代化观点，但这些观点的立足点是建立在共产主义意识形态之下的。值得注意的是，不论哪一派别，这一时期现代化理论都指向的是西方化的现代化模式。

第四阶段是新中国独立模仿型的现代化理论。1949 年，新中国成立以后，我国的现代化发展进入了一个新的历史阶段。由于意识形态上的差异，我国的现代化发展道路基本上是沿着苏联模式进行的。由此，中国的现代化理论也多是在模仿苏联的现代化理论。这一时期的现代化理论更多的表现为与经济实践的结合。一方面，在领导人的讲话中，现代化等同于工业化。1954 年，周恩来就将现代化的实践模式等同于工业、农业、交通运输业和国防工业的现代化。另一方面，现代化理论依然是对标欧美发达国家，在 20 世纪 60 年代的大跃进中，毛泽东指出现代化的发展目标就是赶英超美。可以看出，在新中国成立后的四十年，我国仍没有探索出一条真正属于自己的现代化道路。但是，通过中国共产党的奋斗以及革命实践，国家的独立，现代工业体系的形成表明我国已经逐步具备了现代化发展的条件，而在争取民族独立，工业

---

[①] 罗荣渠:《从"西化"到现代化：五四以来有关中国的文化趋向和发展道路论争文选》，黄山书社，2008 年，第 226 页。

发展中形成的一系列表述就是我国初步的现代化理论。

第五阶段是中国特色的现代化理论逐步形成。1978年是中国现代化历史发展的转折点，是中国正式走出一条真正属于自己独立化现代化道路的关键之年。在这一年，我国开始真正摆脱意识形态的纷争，全国上下一心，全心全意的走向了中国的现代化道路。1979年，邓小平在接待时任日本首相大田正芳的时候，正式提出了中国式的现代化命题。1987年，邓小平制定了中国现代化发展的总体战略布局，也就是三步走战略。自此，我国的现代化开始走进了制度化的阶段。90年代，随着可持续发展战略的提出，我国的现代化又有了新的内涵。21世纪，随着信息技术革命在产业发展的地位不断加强，现代化又将数字化、智能化纳入到期分析的范畴之内。在理论界，以罗荣渠为代表的现代化研究者也纷纷提出现代化道路不是西化，每个国家都有其自身的独特性。因此，现代化发展是特殊寓于一般中的，突破了西方现代化意识的思想禁锢，学术界开始大范围的论证中国道路、中国方案的有效性，从而为我国的现代化发展奠定了坚实的理论基础。

### （三）西方的现代化理论

自产业革命以后，以西方国家为代表的先行工业化国家开始迈进现代化国家的行列。但真正意义上的现代化理论确实产生于20世纪50年代以后，之所以现代化理论滞后于现代化实践的原因在于西方国家在这一阶段亟须输出西方的制度模式，以对抗另一个制度模式。然而，不可否认的是，西方现代化理论的发展及演进对发展中国家的现代化发展提供了有益的借鉴。

第一，早期现代化理论中的传统和现代。在现代化理论中，传统和现代是一对关键概念。在这一对概念的基础上，形成了后来的二元经济理论、依附理论等。在对待传统和现代的关系上，西方现代化理论认为传统和现代是相互共存和共同发展的，两者在逻辑上的关系不像东亚国家在现代化过程中的将其对立看待。根源于传统和现代，早期现代化理论强调西方自由主义的意识形态，认为传统社会向现代社会的过度的前提是要拥有自由民主政治制度。在理论上，则形成了以帕森斯、迪尔凯姆、默顿为代表的结构功能学派，这一学派认为结构分化、功能专门化和社会整合是传统社会和现代社会的主要区别。在帕森斯《社会行动》和《现代社会体系》等著作中，帕森斯多次强调应该把社会结构的进步分化和社会功能的专门化当作经济社会发展的过程。

第二，全球性的现代化理论形成。从20世纪70年代开始，随着资本主义世界经济体系在全球范围内的确立，现代化理论开始形成全球化的理论范式。在这一范式中的典型学者亨廷顿认为现代化实际上是一个复杂的、系统的、全球的、长期的、阶段的、趋同的、不可逆转的、进步的过程。[①]同时，随着70年代经济危机的出现，西方学者开始了对以西方为模板的现代化模式的批判。美国教授布莱克在1979年的著作《比较现代化》指出，"现代化理论的主要任务是从各种社会内部的文化传统本身出发，加强对文化传统的研究，以确定在新的时代和条件下，应当保留哪些有利于现代化的因素，抛弃哪些阻碍现代化的因素"[②]。布莱克对现代化模式的反思可以被当作一个节点，在这个节点中标志着现代化的模式不再以西方为主导。在之后的研究中，现代化理论开始注重研究现代化在不同国家发展的特殊性，尤其是后发国家传统在现代化历史中的作用。

第三，后现代发展阶段的现代化理论。20世纪80年代以后，西方学术界开始对后现代与现代性问题的辩论。所谓的后现代理论，是指社会的发展并不是西方国家竭力宣传的目标线性发展的，而是具体国家追求各自的经济增长和社会发展。这一时期的代表人物是英格哈特。英格哈特认为现代化的核心社会目标是经济增长、个人价值的实现以及理性和法律权力在世俗中的

---

① 吴额布力图：《当代西方现代化理论及其启示》，《内蒙古民族大学学报》2009年第3期。
② 单世联：《现代性与文化工业》，广东人民出版社，2008年，第11页。

地位。另外，一些西方学者开始对现代化发展的水平进行量化的研究，如英格尔斯在 80 年代提出的现代化的发展标准。如表 2 所示，在英格尔斯现代化标准中，产业结构的发展已经作为现代化发展水平的重要标尺。

表 2　英格尔斯现代化标准

Table 2　Ingalls modern standard

| 指标 | 标准 | 对比（美国发展水平） |
|---|---|---|
| 人均国民生产总值 | 3000 美元以上 | 3243 美元 |
| 农业产值占国内生产总值的比例 | 15% 以下 | 11% |
| 服务业产值占国内生产总值的比例 | 45% 以下 | 48% |
| 农业劳动力占总劳动力的比例 | 30% 以下 | 21% |
| 成人识字率 | 80% 以上 | |
| 在校大学生占 20—24 岁人口比例 | 10%—15% | 16% |
| 每名医生服务人数 | 1000 人以下 | 780 人 |
| 婴儿死亡率 | 3% 以下 | 2.6% |
| 人口自然增长率 | 1% 以下 | 1% |
| 平均预期寿命 | 70 岁以上 | 70 岁 |
| 城市人口占总人口的比例 | 50% 以上 | 66% |

　　资料来源：孙国强：《全球发展学》贵州人民出版社，2014，第 33 页。

　　第四，后现代理论的出现。后现代社会理论的出现是在外部环境发生了急剧变化之后产生的。其一，经济的增长促进了个人意识的增强，而个人独立意识的增强意味着集体主义的意识出现危机。其二，资本主义的发展加剧了生态危机，生态问题的产生意味着必须调整人与自然的对立关系。其三，新的生产工具，尤其是互联网经济的发展改变了传统的生产方式。在这些变化下，后现代理论出现，标志着现代化理论开始正视资本主义发展中的现代性风险和不确定对人类社会产生的负面影响。

## 二、产业结构理论

生产力的发展导致了新的生产组织形式的产生，而新的生产组织形式的集合就成了产业。产业与产业之间的关系以及组成部分被称为产业结构，18世纪以来，早期的重商主义和重农主义经济学就分析了不同的产业结构类型对国家经济的作用。随着生产力的逐步发展，产业结构的形式更加复杂，产业结构理论也逐步多样化。主流的产业结构理论以西方产业结构理论为代表，西方产业结构理论的理论基础是西方经典经济学的假设；同时，资本主义内部矛盾分化出来的社会主义下诞生了马克思主义的产业结构理论；另外，自苏联解体以后，还诞生了以中国为代表的转型经济体的产业结构理论。

### （一）西方主流产业结构理论

产业是与人们消费需要和生产力的发展相伴随而产生的。在农业经济社会，产业是指直接满足人们物质生活需要的农业和手工业。在工业经济社会，产业又融入了由生活资料生产的需要派生出来的生产资料。在知识经济时代，为生产和生活服务的流通领域和服务领域也纳入到了产业的范畴。历史发展到今天，也就形成了结构性的产业发展。

研究产业结构，可以是研究国民经济活动第一、第二、第三产业间的关系，也可以表示某一大产业内部各产业间的关系。从产业结构概念的第一层含义上看，研究产业结构，实质上是研究产业间的投入产出关系，不但研究产业间供求关系，也研究产业间需求关系。任何一个产业的生存和发展，都必须在整个产业结构之中，依存于其他的产业，以别的产业的产出作为自己的投入，同时又以别的产业的投入作为自己的产出。随着时间的动态变化，一定时期产业结构的总产出成为下一时期的总供给。而其总投入，则由前一时期总需求的构成。另外，供给结构的变化从物质基础上制约着产业结构的发展水平，是产业结构运动发展的一个重要条件，但从长期发展来看，供给结构的变化主要取决于产业结构自身的运动变化。因此，产业结构的概念是在社会再生产的供求关系中形成的。

产业结构思想的萌芽最早可以追溯到 17 世纪。17 世纪，威廉·配第第一次发现了产业结构的差异导致了世界各国国民收入水平的差异和经济发展阶段的不同。在其代表著作中，他根据经验总结出："工业比农业收入多，商业又比工业的收入多。从而奠定了产业结构分析的理论基础。"然而，从 17 世纪到 19 世纪，不论是威廉·配第，还是亚当·斯密、马歇尔、瓦尔拉斯和帕累托，其基本分析方法都是建立在个人主义的分析范式之下的，根据个人主义的分析范式，市场机制可以自行调节资源的最佳配置。直到 1929 年，资本主义内生矛盾的激化使整体主义的分析方法开始流行起来，以国民经济总量分析为特征的宏观经济理论开始指导资本主义国家的经济实践。20 世纪 70 年代，凯恩斯主义在西方发达国家面临着尴尬的处境，西方国家出现的滞涨现象已不能通过大幅度的国家干预进行。为了刺激经济增长，实现宏观经济的目标，产业政策开始被一些国家使用，但产业政策的制定必须基于一定的产业理论，而产业结构理论是产业经济理论的重要组成部分之一。

产业结构理论强调产业整体以及产业与产业之间的技术经济联系与联系方式。一般而言，产业结构理论包括广义的产业结构理论和狭义的产业结构理论之分，广义的产业结构理论重视产业之间的技术经济分析，而狭义的产业结构理论则更倾向于从质的角度动态地揭示产业间技术经济联系与联系方式不断发生变化的趋势，揭示经济发展过程的国民经济各产业部门不断替代的规律及其相应的"结构"效益。概括的说，产业结构理论大厦的基本内容由产业结构形成理论、主导产业选择理论、产业结构演变理论、产业结构影响因素理论、产业结构效应理论、产业结构优化理论、产业结构分析理论、产业结构政策理论以及产业关联理论等部分组成。本书所涉及的研究理论主要包括产业结构的演变、影响因素、效应、分析及政策这几大理论的内容。按照方便对产业结构的研究，西方产业经济学依据不同的研究目的，对产业结构进行了分类，如表 3 所示。在现代国民经济的分析体系中，一般所采用的是三次产业结构的分析方法。

**表3 产业结构的分类方法**

Table 3 The classification method of industrial structure

| 分类方法 | 具体内容 |
|---|---|
| 关联式分类法 | 1.技术关联分类法；2.原料关联分类法；3.用途关联分类法；4.战略关联分类法 |
| 三次产业分类法 | 1.费希尔三次产业分类法；2.克拉克三次产业分类法 |
| 标准产业分类法 | 国际产业分类标准（ISIC） |
| 生产结构产业分类法 | 霍夫曼产业分类法 |
| 生产要素集约分类法 | 劳动集约型产业；技术集约型产业；知识集约型产业 |

从长时间来看，产业结构是变动的。就产业结构变动的原因，库兹涅茨做了研究。就第一产业来说，可以从两个角度进行说明。首先，从需求的角度看，根据恩格尔定律，随着人们收入水平的提高，饮食消费占总开支的百分比逐渐下降。作为第一产业的重要产品产出，饮食消费的下降也就改变消费结构，进行使得产业第一产业会在国民收入中的比重下降。其次，从供给的角度看，由于农业劳动生产力的逐步提高，农业劳动力将会逐步转移到其他产业中尤其向第二产业和第三产业转移。

## （二）马克思的产业结构思想

马克思的社会再生产理论是现代产业结构理论的基础之一，也是产业结构现代化的重要理论来源。马克思的经济理论长期以来被排斥在主流经济理论之外，被视为经济学的异端。然而，资本主义的发展充分证明了主流经济理论的狭隘性，随着资本主义内在矛盾的出现，以马克思主义为代表的异端经济学开始逐渐主流经济所接纳，并对其产生了重要的影响。在马克思主义科学理论的指导下，我国才取得了新民主主义革命的胜利，才奠定了社会主义现代化的物质基础，才取得了改革开放的伟大成就。因此，必须要充分学习马克思的经济理论，尤其是产业发展理论的历史性、现实性和科学性。马克思诞生于第一次工业革命初期，在其鸿篇巨著《资本论》中，马克思以辩证唯物主义和历史唯物主义深刻剖析了资本主义经济发展的规律、矛盾，对资本主义社会造成的异化现象进行了深刻的批判。在马克思以及其追随者的主要著述中，马克思深入分析了社会总资本的再生产和流通过程，进而提出了社会再生产理论。具体来说，马克思的产业结构思想可以归纳为以下四个方面。

一是产业结构生产力演进思想。19世纪初，工厂手工业开始向机器大工业转型。对此，马克思详细分析了资本主义工业发展的三个阶段，揭示了资本主义世界产业发展的演进规律。资本主义工业的起点是简单协作，简单协作生产方式的产生是对封建社会自然生产方式的一种创新。封建社会的生产以小农为主体，其主要特点是个体的自由分散生产。而在简单协作生产方式下，个体劳动的差异性最终消失，从而使得每个工人获得了具有社会平均劳动的性质。更为重要的是，个体劳动力第一次实现了集体劳作，从而可以通过制度化的方式降低了生产的交易费用。伴随着新的生产形式的产生，新的生产关系得到确立，一部分人最终成为资本家，而另一部分人成为了雇佣者。随着技术的进步，通过制度化的方式，简单协作逐步过渡到资本主义工业的第二个阶段，也就是工场手工业时期。工场手工业包括混成的工场手工业和有机的工场手工业两种形式，其中混成的工场手工业是指产品由不同的配件装配形成，有机的工场手工业是指产品由相互联系的加工环节组成。由此可以发现，马克思所分析的工场手工业的两种形式基本上构成了后来产业结构理论中产业形态横向联结和纵向联结的理论基础。随着生产力的进一步演进，工场手工业的技术基础与其生产需求不断产生矛盾，资本主义工业发展的第三个阶段机器大工业得到广泛发展，资本主义的生产力得到更高的提升。

二是产业结构的均衡发展。在《资本论》第二卷中，马克思将社会总生产分为第一部类和第二部类，其中第一部类是生产资料的生产。具体而言，是指生产资料中进入或至少能够进入生产消费形式的商品。第二部类是消费资料的生产，而消费资料是指具有进入资本家阶级和工人阶级的个人消费的形式的商品。在简单再生产中，第一部类商品资本中的可变资本和剩余价值的价值额之和必须等于不变资本。要实现简单再生产，社会生产两大部类产业部门之间必须保持必要的比例。社会生产的两大部类产业部门在生产耗费的生产资料，不仅要在事物形态上得到补偿，而且还要在价值上得到实现。第一部类产业部门所生产的全部生产资料，不仅应当能够补偿本部类产业部门所消耗的生产资料，还应当能够补偿第一部类产业部门所消耗的生产资料。另外，产业结构均衡化发展以后伴随着就业结构的变动，在马克思的分析范式下，就是生产力的进步使得劳动力的使用状况发生了变化。一方面，机器的改良促使资本有机构成得到提高，资本有机构成的提高使得新兴产业部门可以吸纳过剩的工人人口。另一方面，随着资本主义各工业部门产业关联的提升，劳动力可以有机会进入更多的产业部门。

三是生产资料优先发展思想。根据生产力决定生产关系的一般理论，马克思认为要实现技术进步条件下的扩大再生产，必须要保证第二部类的生产优先发展。对此，马克思指出："在简单再生产条件下，第Ⅰ部类的剩余价值要全部用于消费，即全部转化为第Ⅱ部类的消费资料。"而在扩大再生产条件下，第Ⅰ部类的剩余价值就要有一部分留在本部类作为生产资料，这就意味着，"第Ⅰ部类内部用来生产生产资料的生产资料部分要比用来生产消费资料的生产资料部分增长得更快一些。"按照现代产业结构优化的观点来看，生产资料优先发展的思想就是要确保第二产业部门的优先发展，从而保证第一、第三次产业可以实现扩张。历史实践证明，生产资料优先发展思想曾对以苏联为代表的社会主义国家的产业建设起到了重要作用，但这种发展思想过于强调政府的计划调节，忽视了市场机制配置资源的有效性，从而在特定历史阶段对整个的产业结构体系造成过一定的负面影响。

四是股份制发展思想。在资本主义蓬勃发展的历史时期，马克思和恩格斯科学分析了垄断资本主义对生产力的破坏作用，从而提出了改造传统股份制的思想。在《资本论》第三卷中，恩格斯认为承认和保护资本所有者对其资本的所有权,是建立股份制企业的前提,同时也是建立大型国家生产机构和交换机构的前提。要实现以公有制经济替代私有制经济,实现资本国有化的前提是生产资料或交通手段真正发展到不适合由股份公司来管理。

### (三)中国特色产业结构理论

经济社会的实践必须以具体的、历史的环境为转移,从而产生了具有中国特色的产业结构理论。根据所依据的历史环境不同,我国产业结构理论可以分为两个发展阶段,一是从新中国建立以后到改革开放之前,这一阶段的产业结构理论受苏联的经济建设影响较大,可以认为是基本上照搬了苏联的产业发展战略。二是在改革开放四十年的具体实践中产生的,在这一阶段,则是伴随着市场化的脚步,依据市场经济的基本规律,逐步总结发展起来的。

从新中国成立到改革开放前夕,是我国产业结构理论的探索阶段。在苏联重工业型产业发展战略的指导下,毛泽东在这一阶段提出了一系列的产业经济发展思想。第一,农业的基础性战略地位思想。1956 年,毛泽东在《论十大关系》中提出具体在农业、轻工业和重工业的发展上,要用多发展一些农业、轻工业的办法来发展重工业,其基本思想就是要强调农业的基础性地位,通过农业反哺工业、以农业补充工业的方式优先发展生产资料促进国民经济的发展。同时,与斯大林模式忽视食品工业的发展相比,毛泽东更加注重粮食生产的重要性,为了实现重工业的优先发展,毛泽东认为必须有足够的农业发展作支撑。也就是说,重工业的发展必须是建立在农业和轻工业的发展基础之上的。第二,农业、工商业的制度创新。新中国成立以后,全国经济凋敝,百废待兴,面对多年战争造成的疮痍,在中国共产党的领导下,我国开始了社会主义改造。社会主义改造的总体思路基本上是按照发展合作经济展开的。由于传统农业生产中农户的过度分散造成了过低的生产效率,所以毛泽东在改造的过程中认为必须要实现农户生产的集体化。1951 年,《关于农业生产互助合作的决议(草案)》在全国第一次互助合作会议通过,《决议（草案）》初步设计了中国农业合作化的框架，通过互助合作运动极大的鼓励了农村中下贫农的生产积极性，在一定程度上克服了小农生产的弊端。到 1952 年，我国农村农业总产值已达 483.9 亿元，比 1949 年增长 48.5%，年平均增长 14.1%。[1] 在工商业方面，则是通过加工、订货、统购、包销、收购等方式促进私人资本向国家资本主义发展，到 1952 年，我国通过以上五种方式纳入国家资本主义初级形式的私营工业资本已从 11.88% 上升为 56.04%。[2] 第三，产业结构协调发展思想。毛泽东在 1959 年的庐山会议上再次提出国民经济的发展要以农业、轻工业和重工业为序进行统筹安排。具体来说，就是要在经济建设中从发展农业出发，再安排轻工业，然后视农业、轻工业的情况安排重工业的发展。1962 年，总体产业战略思想最终形成。对此，党中央将该战略思想概括为"以农业为基础，以工业为主导"的十二字方针。同时，这一思想也就基本奠定了我国前三十年产业结构现代化的政治思想基础。然而，毛泽东所强调的产业结构平衡发展战略并没有得到很好的贯彻。由于缺乏经济建设经验，当时党内产生了严重的浮夸风和共产风。具体表现为，片面执行苏联的建议，过分地强调生产资料生产的优先增长，忽略了消费资料生产的相应增长，结果导致畸形的产业结构、农业、轻工业和重工业的比例关系严重失调，重工业脱离农业和轻工业片面发展。新中国成立以后的产业结构发展实践是在借鉴苏联产业结构发展历史基础上的创新，在一定时期对恢复我国国民经济，满足人民生产生活基本需求发挥的重要作用。然而，由于缺乏产业发展经验，而且去除了市场机制对资源的配置作用，在这一时期的产业结构调整中充满了后发国家赶超先进工业国的特征。

十一届三中全会以后，党和国家重新调整了国家经济发展战略，将工作中心逐步转移到以经济为中心的社会主义现代化建设上来，这就意味着市场机制开始有效发挥其应有的功能。从国家战略上调整了产业结构的发展思路

---

[1] 苏星：《新中国经济史》，中共中央党校出版社，2007 年，第 139 页。
[2] 苏星：《新中国经济史》，中共中央党校出版社，2007 年，第 123 页。

来看，国家做出的调整主要有以下几个方面。一是重新确立了产业调整的基本方针。党的十一届三中全会以后，邓小平指出我国产业结构失调的问题是制约我国经济发展的关键因素，并要求对产业结构进行调整。二是实事求是的重视农业的基础性地位。十一届三中全会以后，党中央多次讨论农业发展问题，并颁布了《中共中央关于加快农业发展若干问题的决定（草案）》和《农村人民公社工作条例（试行草案）》，《条例》指出要大力恢复和加快发展农业生产，不断优化第一产业内部结构，实现农、林、牧、副、渔并举，最终目标是逐步实现农业现代化。三是重视科学技术和教育在产业结构调整过程中的重要性。1978 年，邓小平在全国科学大会开幕式上的讲话指出科学技术的现代化是实现四个现代化的基础。

从 20 世纪 80 年代末到 90 年代初，新一轮的经济技术革命蓄势待发，以美国为代表的发达国家开始将主导产业的选择转向以信息产业和互联网产业为代表的高技术产业，又称为新经济时代。同时，在深刻反思工业化对生态环境造成的破坏作用后，世界各国开始将可持续发展战略纳入国家发展战略当中。在外部环境发生变化的条件下，党和政府开始调整产业结构现代化的思路，逐步将可持续发展战略纳入产业发展的实践中来。党的十五大第一次全面系统地提出要努力"实现工业化和经济的社会化、市场化、现代化，推动经济结构战略性调整，基本实现工业化，大力推进信息化，加快建设现代化"。同时，党中央特别指出了我国三次产业结构现代化水平和能力较低的现实问题。在十四届五中全会上，江泽民同志明确指出："当前的主要问题是，农业基础薄弱，工业素质不高，第三产业发展滞后，第一、第二、第三产业的关系还不协调。今后必须大力加强第一产业，调整提高第二产业，积极发展第三产业。"从而提出了产业结构现代化协调性的新内涵。为了实现可持续发展战略，江泽民同志在十六大上进一步明确指出，要"走新型工业化道路"[①]。

---

① 新型工业化道路：坚持以信息化带动工业化，以工业化促进信息化，走出一条科技含量高、经济效益好、资源消耗低、环境污染少、人力资源优势得到充分发挥的新型工业化路子。

新型工业化的提出是国内外经济形势发生深刻变革的环境下产生的。一方面，以美国为代表的发达国家开始发展以信息技术产业为主导的新型产业。另一方面，可持续发展战略开始作为世界各国新的竞合点。结合着两点，新型工业化道路成为我国经济发展的重要长期战略。所谓新型工业化道路。其关键就是要通过发展新兴技术产业既实现经济效益，又实现生态效益，以科学技术推动可持续发展。可以说，正是90年代国家对信息化的重视，才使得我国如今在全球信息通信产业中扮演了关键角色。

党的十八大以来，以习近平同志为核心的新一代领导集体再次将建设现代经济体系作为实现现代化的基本支撑，其中建设现代化产业体系是现代经济体系的重要内容。作为建设现代化产业体系的重要内容，产业结构的现代化至关重要。就如何实现产业结构的现代化，则必须与新发展理念为指导，具体而言，第一，新时代的产业结构现代化是以创新为动力，以绿色为保障，以协调为目标，以共享为本质，以开放为特点的现代化产业体系。第二，新时代的产业结构现代化必须以五位一体为总体战略布局。第三，新时代的产业结构现代化必须解决当前社会的主要矛盾为抓手。

# 三、交易成本理论

20世纪90年代以后，制度性因素开始纳入新古典经济学的分析范式，从而使得经济理论分析更加的现实化，同时，新制度经济学派开始将制度的作用纳入主流理论之中。然而，新制度经济理论的前提假设依然是建立在新古典经济学的一般假设之上的，因此，必须要辩证的认识新制度经济理论。

交易成本是新制度经济学的核心概念。首先，交易费用理论的中心问题是交易。古希腊时期，亚里士多德就提出了"交易"的概念，并对它的功能及其类型进行了分类。18世纪，古典经济学家亚当·斯密最早提出人类的行为具有与其他人交换、谈判和交易的倾向，而一套特定的规则可以比另一套规则更有利于国民财富的增长。19世纪末，美国制度经济学家康芒斯把"交易"作为比较严格的经济学范畴建立起来并做了明确界定和分类。康芒斯认为，"交易"是人类经济活动的基本行动单位，是经济活动中人与人之间关系的最为基本和一般的形式。康芒斯将"交易"分为三种类型。一是买卖的交易，表现为市场上人们之间平等的竞争性买卖关系；二是管理的交易，表现为企业内上下级之间的命令与服从关系，三是限额的交易，表现为一个集体的上级或它的正式代表。康芒斯认为，这三种交易类型涵盖了市场主体中所有的经济活动。

与康芒斯的交易不同，新制度经济学的代表人物威廉姆森认为交易的关键环节是契约，他将制度问题还原为契约问题。根据订立契约的过程，威廉姆森认为交易费用可以分为事前的交易费用和事后的交易费用。事前的交易费用是指起草、谈判和落实契约的成本；事后的交易费用是指契约形成之后发生的成本。新制度经济学家科斯从资源配置效率角度来认识"交易"问题，从而将交易问题纳入到了实际的应用范畴。在《企业的性质》一文中，他提出了交易成本的概念，即"市场交易"的成本，其所包含的项目包括，第一，完成交易之前的，处于准备阶段的成本。显然，这里的成本概念是一个机会成本的概念，具体则包括各种获取和处理市场信息的成本。第二，交易进行时所发生的成本。其中包括议价、践约、行约的成本。第三，利用几个机制也存在其他的成本。总而言之，交易成本解释了交易过程中各种行为的机会成本的总和。另外，科斯对交易问题最大的贡献在于首次阐明了交易发生机理。1960年，科斯在其《社会成本问题》一书中，第一次提出了市场交易成本的概念。市场交易成本的提出进一步扩大了新制度经济学的研究领域，因此进一步提高了对现实经济的解释力。

**表 4　国民经济各部门交易性质分类表**

Table 4　A breakdown of the nature of transactions by sector of the national economy

| 行业 | 性质 | 行业 | 性质 |
|---|---|---|---|
| 农、林、牧、渔 | 非交易服务部门 | 餐饮业 | 非交易服务部门 |
| 采掘业 | 非交易服务部门 | 金融保险业 | 交易服务部门 |
| 制造业 | 非交易服务部门 | 房地产管理及咨询业 | 交易服务部门 |
| 电力煤气及水 | 非交易服务部门 | 公用事业 | 非交易服务部门 |
| 建筑业 | 非交易服务部门 | 教育文化艺术业 | 非交易服务部门 |
| 地质勘探水力管理 | 非交易服务部门 | 卫生体育社会福利 | 非交易服务部门 |
| 交通运输、仓储业 | 非交易服务部门 | 广播电视业 | 交易服务部门 |
| 邮电通信业 | 交易服务部门 | 科学技术研究业 | 非交易服务部门 |
| 批发零售业 | 交易服务部门 | 国家机关社会团体 | 交易服务部门 |

资料来源：卢现祥 朱巧玲：《新制度经济学》，北京大学出版社，2012，第 96 页。

　　从表 4 可以发现，现代国民经济体系中的各产业部门可以按照交易这一范畴进行分类。从中可以发现，第一产业中的农、林、牧、渔等产业门类多为非交易服务部门；第二产业中的采掘业、制造业、建筑业等也以非交易服务部门为主；而第三产业中的各个部门则多事交易性服务部门。根据交易的性质对产业结构中的部门进行分类说明随着产业结构按配第·克拉克定理的演进，产业结构中的交易成本是逐步上升的。这是因为，第一，产业发展中的组织化程度逐步加深，使得更多的合同及契约需要履行；第二，随着新的组织的出现，这种契约的网络化程度不断加深；第三，以上这两种交易成本的增加是被内生化在具体经济当中的。

# 四、国家发展理论

## （一）马克思主义国家发展理论

　　自马克思主义诞生以来，马克思主义的国家发展理论不断得到丰富和发展。从最早期的马克思、恩格斯个人的著述，到后来列宁在俄国实践基础上的理论升华，再到中国共产党人的艰辛探索，马克思主义国家发展理论越来越成熟，其理论脉络也越来越清晰。

1. 马克思的国家发展理论

在 19 世纪初期，工业化的中心开始由英国转移到了西欧。第一次产业革命形成的生产力大大的促进了西欧资本主义生产关系的进步，然而生产关系的滞后导致了社会矛盾的激化。在这一时代背景之下，各种空想社会主义思潮开始不断出现。马克思和恩格斯以他们独有的思维尖锐的深刻批判了以古典经济学代表的庸俗经济学的肤浅观点，第一次提出了科学性的国家发展理论。在《家庭、私有制和国家的起源》一书中，恩格斯第一次系统地对人类社会早期阶段的历史做了科学的分析，揭示了原始公社制度的解体和私有制、阶级以及国家产生的根源，阐明了在不同的经济发展阶段家庭关系的特点，论证了国家的发展规律、共产主义社会的实现和国家逐渐消亡的历史必然性，为揭示人类社会发展规律做出了重大贡献。综合工业经济的实践和理论上的进步，马克思和恩格斯深入探讨了国家产生、类型、职能以及国家的消亡理论。

第一，国家的产生。马克思认为国家的产生是生产力发展和阶级社会形成的产物。首先，恩格斯提出历史的决定性因素是直接的生活生产和再生产。生产包括两方面的内容，一是生活资料的生产。二是人类自身的生产。同时，人们生活的具体社会制度受劳动发展阶段和家庭发展阶段的双重制约。因此，社会和家庭组成的国家是生产力发展的结果。另外，社会分工的发展为国家的产生奠定了物质前提。在野蛮时代，生产力的发展使得早期氏族社会出现剩余，生产工具的改进使得游牧部落从野蛮部落中分离出来，第一次社会大分工就此形成。随着劳动剩余物的增加，第一次社会大分工造成了社会的大分裂，人们被分成主人和奴隶、剥削者和被剥削者。在野蛮时代的高级阶段，伴随着铁质工具的使用，手工业从农业中分离出来，出现了第二次社会大分工。随着农业和手工业发展成为独立的两大部门，出现了直接以交换为目的商品生产和贸易，贵金属逐渐成为占有优势和普遍性的货币。随着生产力的发展，奴隶制逐步瓦解，商品和货币公社内部的经济生活，破坏这个社会组织的各种锁带，而把它分解为以群群私有生产者，并占据统治地位。这样，我们就走到文明时代的门槛了。在文明时代，第三次社会大分工出现，而与之伴随的则是氏族制度的逐渐消亡，国家进而产生。恩格斯认为在社会中，某些共同的职能会自动生成，而执行这些职能的人在社会内部就形成了一些新部门。由此，这些部门的人获得了这些部门相对应的特殊利益，由此便产生了国家的权力。国家权力对经济发展的作用有重要作用。一是顺应了一定特定阶级人的需要。二是为经济发展提供了政治基础。其次，阶级社会的形成是国家产生的历史前提。恩格斯在《家庭、私有制和国家起源》中论述了国家产生的基本前提是存在不可调和的阶级矛盾，为了缓解这种矛盾，就需要有一种力量凌驾于之上。在西欧，这种关系产生的前提是市民社会的形成，在马克思看来，国家是以市民社会为代表的新的统治阶级在利益上的代表。由此，马克思通过大量的研究发现阶级的出现是国家产生的源泉。在封建农业社会中，生产力的发展为氏族社会带来了经济的剩余，由于氏族首领具有唯一的统治权，根据氏族首领的意志而产生了剥削阶级和被剥削阶级，在此基础上便产生了初级的国家形态。而到了资本主义生产阶段，由于自由买卖成为可能，便形成了所谓的市民社会。市民社会的形成是资本主义生产方式的重要基础。

第二，国家的类型。根据生产力发展的水平以及与之相伴随的阶级团体，马克思将国家的类型划分为封建型的国家、资本主义的国家以及未来生产力极大发展所建成的共产主义国家。在封建型的国家中，产业发展的最重要因素是土地，在产权界定上表现为封建领主对土地及其附属资源的垄断。在封建型的国家中，经济增长往往是静态的，这是由于缺乏更加细化的分工和更清晰的产权界定。而到了资本主义的国家中，由于生产力的高度发展，经济上的分工促进了产业的分工，同时，由于市民社会的兴起，社会对权利的诉求开始增加。但资本主义的内在矛盾又推进社会向更高层次的方向演进，即共产主义的国家。为了实现共产主义的国家，必须经过社会主义国家的必要阶段。总之，在马克思看来，国家形态的转变是生产力发展结果，是建立在阶级斗争基础上的。

第三，国家的本质。马克思国家是一个历史上的范畴，是人类历史发展到一定阶段的产物。由于国家产生的阶级性，因而国家是一个阶级实现对另一个阶级统治的工具。同时，作为上层建筑，国家的建立和发展是建立在一定的社会物质生产方式之上的，也就是物质资料的生产方式决定了经济社会的再生产过程。为了实现这种再生产，国家必须通过各种职能对经济社会进行管理。在资本主义发展的阶段，马克思认为不管现代国家的形式怎样变化，她的本质上都是资本主义的机器，都是资本家的国家，以及理想的总资本家。批判了杜林的资产阶级国家观，在杜林看来，国家具有超阶级性，资产阶级的国家将会用时存在。对此，恩格斯提出了国家消亡的条件，就是无产阶级通过取得国家政权，把资产阶级的生产资料变为国家财产，国家财产建立就成为无产阶级发展的物质基础。随着无产阶级的发展，阶级统治和生产无政府状态的斗争也将不存在，而由此两者产生的冲突和极端行为逐渐消失。那时，国家干预将不在干预社会关系将成为多余的事情。因此，恩格斯认为国家不是被废除的，而是随着生产力的发展自行消亡的。

第四，国家的职能。作为上层建筑，国家的建立和发展是建立在一定的社会物质生产方式之上的，也就是物质资料的生产方式决定了经济社会的再生产过程。为了实现这种再生产，国家必须通过各种职能对经济社会进行管理。由于国家的职能是由国家的本质决定的，所以国家职能必须受统治阶级的意志影响，也就说作为阶级表达形式的国家必须服务于自身的经济基础。维护统治阶级的利益。具体来看，国家的职能可以分为对内职能和对外职能两类。马克思认为，国家的对内职能既包括镇压被压迫阶级的斗争与对抗、协调阶级矛盾、缓解阶级冲突，又包括对社会的管理和服务。另外，国家的对外职能包括抵御外来的侵略，保卫国家的主权和领土完整，同时扩张自己的领土。

第五，国家的消亡。马克思认为，由于国家是阶级的产物，那么伴随着阶级的消亡，国家也将会消亡。在具体的国家形态上，马克思认为资本主义国家是国家发展的最后一个阶段，随着社会化大生产和资本主义私有制之间的矛盾不断被激化，新的生产关系将会取代资本主义的生产关系，而新的生产关系是消灭了资本的剥削，实现个人自由全面发展的共产主义生产关系。在《哥达纲领批判》一文中，马克思预想了共产主义社会发展的两个阶段。在共产主义社会的初级阶段，尽管生产力有了巨大的发展，但个人仍被旧的生产关系束缚，个人的自由发展仍没有实现。而到了共产主义的高级阶段，随着生产力的进一步发展，旧有的生产关系逐步废除，个人可以得到更高层次的自由。另外，马克思指出资本主义向共产主义转化还存在一个过渡的阶段，在这一阶段，无产阶级所要完成的历史使命一是夺取国家政权，二是要大力发展生产力。

通过对马克思的国家理论可以发现，马克思运用辩证唯物主义和历史唯物主义的方法提出了国家的来源、发展和灭亡，揭示了生产力、生产关系以及经济基础和上层建筑之间的双重矛盾，通过对资本主义的科学分析得出了资本主义制度消亡的必然性结论。然而，马克思并没有提出资本主义国家发展、质变、消亡的具体机制。因此从另一方面也说明应该将马克思的国家理论放在具体的历史环境中研究。另外，更重要的是，马克思主义作为发展中的理论，不是教条，而是世界观和方法论。对此，后发展中国家可以通过学习马克思的国家理论获得很多的启示。

## 2. 列宁的国家发展理论

列宁的国家发展理论是在俄国经济社会即将发生深刻变革的时代背景下产生的，其理论的产生具有深刻的经济政治条件。经济上，1861 年，沙皇政府宣布废除农奴制，农奴制的废除加速了农民分化和地主经济向资本主义转化的过程。农民分化的结果使少数人上升为富农，而绝大多数人沦为农村无产者。农村中雇佣劳动的使用、土地的买卖和租佃等成为普遍的现象，因此富农经济得到了迅速发展。在工业中，自农奴制废除后，资本主义得到迅速发展。自 1866—1890 年，工厂的数目由 3000 个增加到 6000 个。1890 年，拥有 100 个工人以上的大企业占企业总数的 7%，但生产能力却占全部工业生产的 50% 以上。[①]19 世纪 70 年代到 90 年代，俄国工业生产能力发展迅速，机器生产开始逐步取代手工劳动，生产技术得到迅速提高，随着工业化水平的提高，俄国工业垄断程度也逐步加深，据统计，到 1909 年，俄国 45 个工业部门中已有 140 个垄断组织。[②]然而，与工业化程度逐渐深化产生对比的是，俄国农业发展却十分落后，农村中的半农奴制、宗法式、封建主义的经济形态依然存在。工农业发展巨大差距迫使列宁对俄国的未来社会发展道路进行了深入的思考。政治上，随着资本主义的发展和第二共产国际运动的兴起，俄国工人阶级迅速成长起来，1890 年产业工人已达 143.2 万人。工人恶劣的工作生活条件，资本家对工人阶级残酷的剥削使得工人阶级逐步认清了自己的历史地位和历史任务。1875 年，俄国工人在敖德萨成立"南俄工人协会"。1878 年，俄国工人在彼得堡成立"俄国北方工人协会"，协会提出了推翻国内现存制度的主张，肯定了工人阶级的先进作用，第一次提出了工人政治斗争的要求。1905 年，莫斯科举行武装起义，在起义过程中，诞生了工农兵苏维埃。在建立新社会政权的过程中，工农民苏维埃是整体苏维埃政权的核心。另外，随着马克思主义理论在俄国的广泛传播，列宁通过深入研究，以《火星报》为阵地，确立了布尔什维克的理论基础。总而言之，列宁的国家发展理论是与当时俄国经济、政治和理论条件的变化是分不开的，这就决定了列宁的经济思想具有特定的时代特征和理论特色。

第一，列宁通过从国家垄断资本主义向国家资本主义的转变实践了马

---

① 程恩富、周肇光、陶有之：《马克思主义经济思想史》，中国出版集团，2013，第 126 页。
② 林彰云：《苏联的公有制经济模式及其演变》，《消费导刊》2017 年第 1 期。

克思主义的发展生产力的设想。随着资本主义经济的日益集中，列宁认为这些资本主义国家将从垄断资本主义走向国家垄断资本主义。国家垄断资本主义对生产的调节主要表现在三个方面，一是通过在生产领域中实行国家垄断，这主要出自财政方面。二是通过所谓"混合企业"系统，使它转归国家或垄断组织所有。三是通过对私人企业生产过程进行管理，如强制生产以及对生产方法的管理。作为一种高度社会化了的生产组织形式，列宁认为国家垄断资本主义是社会主义的"入口"和"阶梯"，是实现社会主义的阶段性步骤。

在列宁看来，国家资本主义的性质要由国家政权和生产资料的占有性质来决定，它的发展前提是生产资料的公有制。1917 年，列宁在十月革命前夕所首次提出了国家资本主义概念。列宁在俄共第一次代表大会上提出，国家资本主义是由国家政权直接控制国民经济的一种重要实现形式。根据国家资本主义所代表的阶级利益不同，国家资本主义分为两种模式。一种是一般的国家资本主义；一般的国家资本主义的阶级基础是资产阶级，因而受资产阶级政权的直接控制。另一种是特殊的国家资本主义。特殊的国家资本主义的阶级基础是无产阶级，其阶级基础和发展目的是无产阶级以及为了实现无产阶级的根本利益。1918 年 5 月，列宁在《论"左派"幼稚性和小资产阶级性》中，对特殊的国家资本主义做了进一步的说明，指出了无产阶级政权控制下的社会主义国家资本主义的性质和作用，分析了国家资本主义与社会主义的相互关系。一方面，国家资本主义在整个国民经济体系中具有重要的地位。列宁说："国家资本主义在经济上无比高于我国现时的经济。"另一方面，国家资本主义与苏维埃政权是统一的。实践是理论的源泉，在 1921 年到 1924 年这 4 年间，列宁在新经济政策中进一步阐明了国家资本主义的基础应建立在基本的市场关系上，同时，提出作为新经济政策的一部分，国家资本主义是向下一阶段经济社会发展过渡的一种工具。另外，国家资本主义的实现形式不排除资本主义国家中的产业组织形态，如通过租让制、租赁制和股份公司发展国家资本主义等。

第二，说明了国家资本主义在社会主义国家中的主要作用。由于一般的国家资本主义是长期发展的产物，其形成具有一定的社会生产功能。对此，列宁认为可以利用国家资本主义作为中间桥梁促进俄国向社会主义转变。而且，国家资本主义可以帮助促进社会主义国家大工业的形成和发展。在无产阶级专政的社会主义国家中，人民可以利用国家资本主义来帮助建立发展工业体系。同时，为了杜绝国家资本主义的资产阶级属性，列宁认为要从制度上进行限制，如成立专门的司法委员会对国家资本主义企业进行监督。

**3. 斯大林的国家发展理论**

列宁去世后，斯大林在一定程度上转变了新经济政策时期的发展思路，但不可否认的是，在斯大林的领导下，苏联成为当时世界上经济、军事、社会实力最强大的国家之一。在苏联经济实践的基础上，斯大林对苏联的社会主义经济建设做了一步的理论探索。斯大林是布尔什维克的坚定支持者，在他的领导下，苏联以高度集中的计划指令型经济发展重工业，主张轻工业和农业上实现农业集体化和社会主义工业化，在斯大林模式的引领下，苏联迅速由一个落后的农业国成长为一个先进的工业国。到1940年，苏联已经成为仅次于美国的世界第二大工业强国。然而，以计划指令为特征的计划经济同样对苏联的现代化发展造成了十分严重的消极影响。

斯大林国家发展理论的形成和发展离不开当时苏联社会主义建设过程中的经济条件、政治条件和理论条件。从经济上看，十月革命胜利以后，苏联在列宁的领导下开始了社会主义经济建设阶段。经过十多年的艰苦探索，苏联初步实现了现代化。然而，当时苏联的工业、农业发展十分不平衡，在城市出现了工业化危机，而在农村则爆发了严重的粮食危机。尽管1927年苏联粮食产量有所增加，但由于农民在市场中不愿意低价销售粮食，进而造成国家的粮食收购出现困难。另外，1929年世界性的资本主义经济危机的爆发使得欧洲无产阶级革命和社会主义建设面临着较大的外部不确定性。为了预防共产主义运动在本国产生和发展，世界上的主要资本主义国家开始对新兴的社会主义国家苏联进行封锁。从政治上看，列宁的逝世为布尔什维克党的分裂埋下了潜在的隐患，这也就直接导致列宁成功实践的"新经济政策"没有得到完整的贯彻，在斯大林时期更是全面否定了。经济政策上的分歧逐步渐变成政治上的斗争。围绕粮食收购危机和工业化道路问题，形成了以斯大林为代表的和以托洛茨基为代表的反对派，

斯大林认为社会主义工业化的前提是优先发展重工业，特别是机器制造业。由于苏联是由一个典型的农奴制国家转型而来的，因此只有通过发展重工业，才能为农业、交通运输业以及其他工业提供生产资料，才能不断推进整体国家的发展速度，增加国家的经济实力。总的来看，斯大林的重工业优先发展是一种"赶超"经济战略思想，之所以优先发展重工业的原因一是急于改变落后的农业国的现状，社会主义的工业化应该走一条超常规的发展道路，在产业发展的顺序上应该进行跳跃式发展，打破历史上形成的现有社会再生产比例，在传统农业占优势的条件下，越过轻工业发展阶段，重点发展重工业；二是重工业是整个工业的中枢，是社会主义全部工业和农业发展的基础，是一个国家经济独立自主的前提。三是重工业，尤其是机器制造业是工业化的中心，生产资料的生产在社会生产中占有中心地位。"决定社会面貌的是人们的物质资料的生产方式，但社会发展史同时也是物质资料生产者本身的历史，即作为生产过程的基本力量、生产社会生存所必需的物质资料的劳动群众的历史。"

斯大林的农业集体化。由于 1928 年和 1929 年国家采取的强行征粮造成了严重的社会危机和阶级仇恨，斯大林开始推行新的农业政策。为了改变过去农业生产过于分散的问题，斯大林认为应该推行以集体性的联合大农庄，集体性的联合大农庄是苏联实现农业现代化的具体方式。大农庄的实行必须以技术进步为基础，而农业机械和农业化学就是必要条件。所以，发展集体

大农庄就必须有相应的现代化大工业相匹配。另外，1927 年，联共第十五次代表大会提出了农业集体化的方针，在指导集体农庄运动过程中，斯大林提出了三个原则，一是资源原则。二是分阶段、因地制宜原则。三是实行农业劳动组合。通过苏联自上而下的实施，斯大林的农业集体化思想得到了完整的贯彻，苏联通过这场运动也一举实现了农业的社会主义改造，使得农民的经济结构发生了深刻的变化。

### （二）新李斯特国家发展理论

在经济史上，李斯特经济学被认为是国家主义的典型代表。1789 年，弗里德里希·李斯特出生于德国福腾堡一个皮革匠家庭，17 岁进入政府机关供职，后到蒂宾根大学任政治经济学教授。在其代表作《政治经济学的国民体系》中，李斯特指出不存在各国通行的政治经济学，只有特定的国民体系的政治经济学。由于受法国大革命的影响，李斯特对封建制度猛烈抨击，在政治制度上鼓吹君主立宪，因而受到当时的容克贵族的迫害。同时，李斯特在英国第一次见到铁路这种新式的交通工具，并于 1835 年建立了欧洲大陆第一条铁路。德国关税同盟与铁路建设是李斯特对德国经济发展做出的最大的两个功绩，它为德国的最终统一以及工业化发展打下了坚实的政治与经济基础。

一是生产力理论。在主要观点上，李斯特反对古典经济学将物质财富本身置于中心位置的做法，他认为非物质要素在经济发展中具有主要的、决定性的作用，其中将技术、精神资本、政治与法律制度、文化心理等因素纳入分析的范畴。在李斯特看来，生产力是产生财富的能力。基于这种基本认识，李斯特提出了生产力理论，生产力理论是李斯特经济学的重要内容。生产力包括个人生产力、社会生产力和自然生产力三种类型。个人生产力是指这样一种精神资本，这种精神资本受两个方面的影响，一是个人本身的能力。二是个人所处的外部社会环境。社会生产力则是由经济社会发展水平所决定各项制定的完善程度，如教育水平、法制完善水平等。李斯特认为个人生产力的发展必须以社会生产力为前提。再者，自然生产力是自然界对于物质生产的作用。在李斯特的分析中，个人生产力和社会生产力生产尤为重要。同时，为了获得社会生产力，将自然生产力转化为社会生产力的重要手段是发展工业，而发展工业的基础在于科学技术。对此，李斯特从三个方面对工业对生产力影响进行了说明。第一是工业对个人生产力的影响。在农业社会中，个人的生产力完全依靠自然生产力。同时，由于个人生产力的发展极其受限，从而导致个人生产力能处理的经济情况较少，仅能从事一些简单的体力劳动。而在工业社会中，由于工业所处的市场环境的高度复杂化以及工业发展需要高级别的知识和技能，因此在工业社会中需要个人的生产力进一步提升。第二，个人生产力的发展的社会条件是要有工业做基础。在李斯特看来，工业可以提高一个国家的教育与科技发展水平，改善交通运输状况以及提高行政管理效率。第三，工业的发展可以改造自然生产力。在人类经济发展的不同阶段，人类对自然资源的利用程度是不一样的。在最早起的狩猎社会，人类对自然生产力的利用率最低，仅仅是从自然界中获取生存资源。而到了畜牧业社会，自然生产力的开始扩大，表现为生存资源存量的不断增加。到了农业社会，人类可以有意识的选择自然生产力，但这一阶段的大多数自然生产力仍处于废置的状态。只有到了工业发展阶段，才使得自然生产力得到了最大程度上的使用。一方面，对自然生产力的开发使得生产、运输、储存的效率大幅度提高。另一方面，工业的发展使得原来被开发的自然生产力的价值有了进一步的提高，表现为农业剩余产品转化为工业发展的原材料，农业人口转化为工业生产的雇佣工人，使得社会的分工和生产力的进一步联合成为可能。

二是国家干预理论。李斯特经济学的一个基本观点是国家对经济生活的支持，或者叫干预，其直接的理论出发点是从西方各国工业化的经验中取得的。[①] 为实现德国在欧洲的崛起，发展并保护国内的生产力，李斯特主张成立关税同盟。在李斯特的建议下，1834 年德国成立关税同盟。关税的提高大力促进了德国生产力的发展，使德国的工业生产能力大大提升。同时，李斯特主张对社会给予支持，他认为国家对社会的支持可以影响个人的发展，个人的发展是国家支持的结果。另外，李斯特强调国内市场对国家发展的重要性。对此，李斯特认为国内市场上，利用自有竞争机制提高企业竞争力。而涉及对外竞争时，加强政府对市场的干预，以强化本国企业对外国企业的竞争力，在无论政府选择何种政策，其出发点都是增强本国企业的竞争力，从而促进本国生产力的他发展。

三是幼稚产业保护论。在生产力理论和国家干预理论的基础上，李斯特又提出了通过保护国家的幼稚产业促进本国产业发展的思想。19 世纪，工业革命的发展大大促进了资本主义工业体系的发展，工业和制造业的发展使得工业化国家中的产业结构发生了巨大的变化。为了形成更大的生产能力以及获得更多的利润，一些发达国家开始向后发展中国家输出剩余产品。在剩余产品的冲击下，后发展中国家中的相应产业受到了重大的冲击。在这样的背景下，李斯特指出必须要对本国的幼稚产业进行扶持，扶持的基本手段就是要靠提高关税。同时，通过输入低端产品，输出高端产品，形成本国财富更大的剩余。从现今发达国家的经济实践来看，幼稚产业保护思想在后发国家中曾起到了重要的作用。

作为一种成熟的理论体系，李斯特经济学不是用"保护主义"这几个字就能简单概括的，它是一种以国家利益为出发点，以生产力发展为导向，以工业化为目标，以贸易保护为主要手段的具有完整的内在逻辑链条的经济学说。在《美国政治经济学大纲》中，李斯特就曾指出，本国生产力的发展必须要根据自身的国家出发，依据国情对本国生产力进行干预。在具体的分析方法上，李斯特主要受历史主义思想的影响，认为国家在不同的发展阶段应

---

① 严鹏：《战略性工业化：一个新李斯特主义工业化理论》，《清华大学学报》2015 年第 5 期。

有不同的指导理论。

### （三）波特的国家竞争优势理论

第二次世界大战以后，美国继续保持世界经济的领先地位。但与第二次世界大战之前的经济发展环境不同的是，日本、西欧等后发国家通过制度创新实现了经济的高速增长，一些新兴产业如汽车、电子产业已经在国际市场形成了较强竞争力。同时，20世纪70年代以后，西欧区域经济一体化的发展促进了新的共同市场的形成和壮大。在这种历史背景下，美国的产业竞争力面临着较大的威胁。从80年代开始，美国政府将提升产业竞争力作为国家经济发展的战略，并成立产业竞争力委员会。作为产业竞争力委员会的成员之一，迈克尔·波特开始了产业竞争力的研究。经历了长达4年的研究，迈克尔·波特著成《国家竞争优势》。在这部著作中，迈克尔·波特从国际经济的角度，以钻石模型为核心，如图3所示，阐述了保持国家产业竞争优势的一系列理论问题。

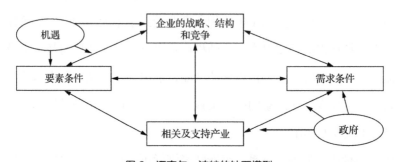

**图3　迈克尔·波特的钻石模型**

Fig.3　Michael porter's diamond model

资料来源：根据 [美] 迈克尔·波特：《国家竞争优势（上）》中信出版社 2012 年版整理。

第一，产业发展的竞争力来源问题。在迈克尔·波特看来，国家产业竞争优势的来源并不是受自然禀赋的制约，而是来自创新。由于一个国家中经济是由产业所组成的，所以产业的创新是形成国家竞争优势的基础。为了提升国家的产业的创新能力，波特提出了产业竞争优势的四个关键要素，分别是生产要素、国内需求市场、相关产业和支持性产业以及企业。迈克尔·波特认为，一个国家要实现产业竞争力的提升，必须依靠这四个关键要素。应该注意到的是，这四个关键要素并不是自动生产的，而是必须有一定的创造机制以促进其生成。波特认为四个关键要素的创造机制，必须回溯到这个国家的历史传统、政治和社会价值的功能上。总而言之，国家产业竞争优势需要以建立起这四个方面的基础。

第二，国家和政府在提升国家产业竞争力中的作用。在《国家竞争优势》一书中，迈克尔·波特充分肯定了国家和政府在提升国家产业竞争力中的功能和作用。一方面，国家和政府在产业发展中具有两方面的作用，一是促进产业的升级，二是造成产业的衰退。另一方面，国家和政府所营造的宏观环境会对产业竞争力的提升造成有益的影响，其基本路径是通过构建支撑性产业部门来实现。另外，在钻石模型中，波特同样重视机遇，认为机遇是提升产业竞争力的重要诱因之一。按照现代市场经济的观点，所谓的机遇也就是市场环境。

第三，提出了国家经济发展的四个阶段。根据每个国家国际竞争力表现形式的不同，迈克尔·波特将国家经济的发展阶段大致分为要素导向阶段、投资导向阶段、创新导向阶段和财富导向阶段。四个发展阶段是依次继起的关系，但并不具有充分必要的关系。以要素导向阶段为例，一个国家要素禀赋情况并不决定国家产业发展的状况。同时，在要素导向阶段，一个国家在市场环境下可以利用充分的禀赋资源实现向更高层次的发展方向演进。在投资导向阶段，由于资本的要素较为丰裕，企业有能力和动机对新的技术进行细化、吸收和创新，从而可以实现经济的弯道超车。在创新导向阶段，国家竞争优势的来源在于产业价值链中的创新。在这一阶段，技术创新是国家竞争优势产生的关键。在财富导向阶段，由于一般产业呈递减趋势，经济金融化的趋向开始出现，在这一阶段，金融业的发展状况尤为重要。

通过对迈克尔·波特的国家竞争优势理论的归纳可以发现，产业竞争力的发展归根结底还是要靠制度的创新来实现。通过制度创新，为产业的发展提供稳定的外部环境，稳定外部环境的创造需要通过一系列的支持性措施来实现。总之，迈克尔·波特的国家发展理论对于发展中国家在全球化背景下提升产业竞争能力具有重要的实践意义和理论意义。

# 五、小结

理论是行动的先导，是在实践基础上的科学总结。通过现代化理论、产业结构理论、新制度经济理论和国家发展理论认识，可以发现产业结构的现代是一个涉及多个理论学科的综合性研究。结合我国四十多年的改革开放实践，都可以发现具体理论指导下的具体实践的印记，正是实践基础上的理论创新不断推动着我国的制度创新，社会主义市场经济体制使中国的现代化发展在时间的维度上，成为难以逆转的历史发展潮流，在空间维度上，成为全球发展的一个重要组成部分。在现代化的角度看，我国仍处于从传统社会向现代社会的过渡阶段，在这一阶段，产业结构的现代化问题尤其重要。对于我国的产业结构现代化而言，内涵式产业结构优化，在结构格局变化的前提下，不仅要通过增量投资，而且还要通过原有结构存量的产业间转移，来实现结构存量的重组和扩张。为了进一步论证产业结构现代化问题，在下文的分析中，本文将对产业结构现代化和中国式现代化制度创新的研究框架进行具体阐述。

# 第三章　产业结构现代化转型的内涵界定

本章所要回答的问题有两个，一是产业结构的现代化内涵。就产业结构而言，什么是产业结构的现代化？影响产业结构现代化的因素是什么？产业结构现代化所包含的内容是什么？二是中国式现代化制度创新。中国式现代化制度创新的影响因素及其内容。三是产业结构现代化和中国式现代化制度创新两者之间的关系。

## 一、产业结构现代化的界定

自 20 世纪 60 年代以来，不论是发达国家还是欠发达国家，都相继走向了现代化的道路。产业结构作为国家现代化发展的一个重要方面，对一个国家或地区产生着重要的影响。一方面，产业结构现代化的水平直接影响资源利用的水平，进而可以对外部环境产生正的或负的外部性。另一方面，产业结构的现代化水平对经济增长的质量具有重要影响，并通过微观经济变量对宏观经济产生作用。由于现代化问题在经济发展不同阶段的表现不同，因而产业结构的现代化具有历史性。因此，对产业结构现代化的认识应是具体的和历史的。

### （一）基本内涵

产业是社会分工的现象，是进行物质产品和劳务生产的企业集合体，是整个国民经济和企业之间的中间层次。随着社会分工的深化，这一集合体按不同的生产特点划分为多个不同部门，这些部门的总称就是产业。一般而言，产业结构是指国民经济中各产业大类以及大类内部部门之间的数量、质量关系，是经济结构的关键组成部分。产业结构应注重产业之间的结和构，产业的结强调产业之间的相互关联，是量方面的关系。而产业之间的构则是指产业之间的相互构成，是质方面的关系。由于产业结构是不同生产方式在经济上的组合，因此其发展是动态的。从第一次产业革命开始，人类就已经进入到了现代化发展的轨道上。由此就产生了产业结构的现代化问题。

由于时代条件不同、历史文化传统不同、工业化起步时的经济起点不同，可以将产业结构的现代化过程分为两类，一是发达国家的产业结构现代化模式。发达国家的产业结构现代化是一种引领型的产业结构现代化，是伴随着三次产业革命自然发生的产业结构现代化。对于发达国家产业结构现代化而言，其一般在技术、管理、人才以及意识形态方面具有领导作用，以第一次工业革命的诞生地英国为例，在机器大工业逐步普及以后，不论是工业生产能力，还是对外的影响力，都对当时欧洲其他国家的工业化起到了一定的示范作用，随后便以殖民的形式将其现代化模式复制到其他地区。二是发展中国家的产业结构现代化模式。这种模式是建立在政治、经济逐渐摆脱殖民统治以后，基于落后的生产力形式的一种现代化。第二次世界大战以后，民族运动兴起，世界上多数国家开始了自己的独立发展过程。从产业发展上看则是走向了两个方向，第一个方向是依附于发达国家。由于这些国家在技术上的落后性，因而在世界市场上的劣势地位不得不作为发达国家的附庸。第二个方向是独立自主的发展道路，走向独立发展道路的国家往往是社会主义国家，这些国家则在一定程度上具有计划经济的特征。但无论对于发达国家还是发展中国家而言，这些国家的产业结构的现代化都是现代化多样性的体现。

## 表 5　钱纳里工业化阶段的划分
Table.5 The division of chenery's industrialization stage

| 发展阶段 | 发展阶段 | 产业结构 |
| --- | --- | --- |
| 第一阶段 | 不发达阶段 | 农业 |
| | 工业化初期阶段 | 劳动密集型产业 |
| 第二阶段 | 工业化中期阶段 | 资本密集型产业 |
| | 工业化后期阶段 | 新兴产业 |
| 第三阶段 | 后工业化社会 | 技术密集型产业 |
| | 现代化社会 | 知识密集型产业 |

另外，按照产业发展所处的社会形态可以分为资本主义类型的产业结构现代化、社会主义类型的产业结构现代化以及混合类型的产业结构的现代化。其中，资本主义发展类型是西方资产阶级取得统治地位以后自发形成的，其基本发展格局是以自由主义原则推导出资本主义私有制＋自由市场＋分权型或集权型现代国家机构。资本主义发展类型对现代生产力的发展具有巨大的适应力，前三次产业革命的发生正是得益于这种发展模式的优势，然而，资本主义发展类型下的自由放任带来了更多的社会问题，生态破坏、环境污染、贫富分化以及生产过剩等结构性矛盾突出；社会主义发展类型是从资本主义发展类型中突变而来，是一种自上而下的发展模式。一般而言，社会主义的现代化是内部自发经济动力不足的条件下采用非常规手段进行的赶超型现代化，其基本发展格局是社会主义公有制＋计划指令有限市场结合＋集权型现代国家机构。在特定的历史时期，这种发展格局曾产生过巨大的推动力。然而，随着社会主义现代化物质基础的建立以及外部环境的迅速变化，这种模式已经不再适应新的发展形势；混合类型是资本主义和社会主义两种模式的混合，其基本发展格局是混合经济＋自由市场＋集权或分权型现代国家机构。从 20 世纪 70 年代起，美国经济学家萨缪尔森就提出了混合经济的理论假说，在一定程度上指导了发达国家的经济改革，并取得了一定的成效。同时，对发展中国家来说，也为摆脱原有的僵化制度模式提供了一种新的选择。

产业结构现代化是产业结构演化与现代化两个范畴的结合。一方面,产业结构演化是一个国家经济发展的核心内容。另一方面,现代化问题是一个国家在未来经济社会发展所要解决的问题。产业结构的现代化就是连接经济发展的存量和未来现代化增量的交点。如图4所示,分配结构、资源结构、需求结构在产业结构中汇集,并以产业结构向更高形态的生态文明演化。产业结构的现代化水平高低大致有六个标准:一是有利于劳动生产率的提高。二是有利于三次产业素质质量的整体提升。三是有利于国家整体产业竞争力的提高。四是有利于环境友好。五是有利于实现生产流程的绿色化。六是有利于民生福祉的改善。产业结构现代化的过程可以分为两类:前沿过程和追赶过程。前沿过程是发达国家的产业结构现代化,是领先型的产业结构现代化。追赶过程是大多数发展中国家的产业结构现代化,是追赶型的产业结构现代化。另外,按照现代化发展的阶段划分,可以将产业结构的现代化分为第一次现代化过程中的产业结构现代化和第二次现代化中的产业结构现代化。第一次产业结构的现代化就是一般意义上的产业结构,以农业、工业和服务业为主要分类方法。第二次现代化中的产业结构现代化是以知识的集中程度来进行划分,具体来说,第二次现代化过程中的产业结构现代化内涵可以分为以下几个方面。

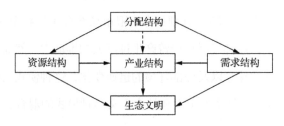

**图4 产业结构现代化的结构效应**

Fig.4 The structural effect of the modernization of industrial structure

资料来源:周振华:《现代经济增长中的结构效应》上海人民出版社,2014,第28页。

一是产业发展的知识化。1996年,经济合作与发展组织在其年度报告《以知识为基础的经济》中提出的概念,简称为"知识经济"。知识经济意味着知识在现代经济发展与增长中具有重要作用，知识在人类经济与社会发展中将具有特殊地位。随着科学技术水平的进步，产业发展本身将越来越强调知识的基础性作用。经济增长首先引起物质文化的增长与变化，即所谓器物层次的现代化，然后才能带动其他方面的社会变革，即制度与文化的适应性改革。产业结构的现代化必然伴随知识的更新化。以第一产业革命为例，当时为产业发展指导的知识仅仅是有限的知识，到第二次产业革命之后，科学知识的进步为产业的发展提供巨量的知识储备，尤其导致各产业结构内部分工更加精细化、专业化、高端化以及集约化。

二是产业结构的自身优化。产业结构的优化是西方产业经济学主要的研究内容，其基本内容包括高级化和合理化两个方面。其中，高级化是指产业结构的整体演进，是三次产业结构占国民经济中的比重最先由第一产业向第三产业转变的过程；产业结构的合理化是指产业结构整体以及产业结构之间协调性提高的过程。然而，产业结构的优化过程并不能完全解释产业结构向现代化转变的现实。一方面，当今世界发展中国家产业结构向现代化转型，必须面对知识经济的挑战和机遇，充分吸收、运用当世界高新技术成果促进高新技术产业化并用高新技术改造传统产业。另一方面，经济的全球化是产业发展的必然趋势，尤其对于发展中国家来说，产业发展的全球化是实现赶超性发展战略的内在要求。随着经济的全球化，以跨国公司为代表的产业主体将其全球经济的发展使得各国的产业紧紧形成一个稳定的整体。在全球化过程中，由于现阶段的发展水平，国际产业分工已经十分细化，因此全球化中的产业结构形成了以发达国家、新兴市场国家以及欠发达国家为典型代表的不同产业分工体系。具体来说，产业结构的现代化包括三次产业整体结构的现代化以及第一、第二、第三产业内部的现代化。三次产业整体结构的现代化不仅包括产业结构的高级化和合理化，而且更加强调通过产业结构本身解决现代化问题。首先，通过产业结构的整体性现代化促进社会公平，尤其是实现收入分配的公平。其次，通过产业结构的整体性现代化促进生态环境的优化。最后,通过产业结构的整体性调整促进个人的发展。另外,第一产业的现代化是指农、林、牧、渔四大子产业以及这四类产业内部结构向现代化方向的演变。第二产业的现代化是指由制造业、工业为代表的物质生产部门之间以及这些部门内部的现代化演进,是第二产业内部结构的现代化。第三产业的现代化是指第三产业结构的现代化。

三是产业结构演进动力的创新化。根据熊彼特在《经济发展理论》中的观点,一国经济增长的主要动力在于创新。由创新所推动的产业结构由低级向高级的演进是现代经济增长的主题。作为产业结构演进的重要动力,创新包括技术创新、管理创新和制度创新。第一,技术创新是产业结构现代化的关键。只有通过技术创新,才能使科学和技术与产业发展有机地结合在一起,从而提高经济增长质量。第二,管理创新是产业结构现代化的重要方面。所谓的管理创新就是产业的组织创新,产业的组织创新可以不断提升产业主体的生产效率,进而提高产业的综合素质。第三,产业结构的制度创新是制整体产业结构外部环境的条件的变化有利于产业结构的进一步演进,是以国家为主导的产业结构制度方面的创新。

四是产业结构内部的软化。在马云泽《产业结构软化理论研究》一书中,他将产业结构软化定义为围绕知识的生产、分配和使用在社会生产和再生产过程中,随着生产力的发展,体力劳动和物质资源的投入将逐渐减少,脑力劳动和科学技术的投入增加的过程。也就是说,软性的产业结构是随着技术的进步,第一、第二、第三产业之间以及不同所有制的产业之间的相互融合、相互渗透的趋势。产业结构软化可以分为前向软化、后向软化和内涵式软化。前向软化是指产业结构的高级化,也就是产业结构中服务业占比增大。后向软化是指对传统产业的改造,使传统产业的发展越来越具有软化的特征。后向软化又可以分为外延式软化,即传统产业和新型产业的相互交叉。内涵式软化,是指传统的制造业提高制造业的附加值进而转向服务业。另外,产业结构的软化还体现在产业发展上的生态化。表现为产业结构发展对外部环境正效应的提升，也就是通过产业结构的调整实现外部环境成本的最小化。产业结构的生态化是经济发展的必然要求，不论是以第二产为主导产业，还是以第三产业为主导，产业结构的生态化是主要发展特征。自可持续发展理念提出以来，世界各国都在致力于产业结构的生态化。从产业来看，第一产业的生态化就是农、林、牧、渔在生产、销售、分配、消费各个环节的绿色化，就是要在每个环节实现可持续的发展。就第二产业的生态化来看，第二产业的生态化要求各产业结构的产出要求有利于实现对环境外部收益的最大化。就第三产业而言，由于第三产业本身所具有的特点，其发展本身对于环境并不造成负外部性。

五是产业结构调整目标的民本性。根据产业结构高级化的溢出效应，第一产业占比的减少和第二、第三产业占比的增加会导致就业结构的变化，也就是从第一产业就业的人口向第二、第三产业就业转移。然而，西方发达国家两百多年的产业发展实践证明，在这一转移过程中必然产生经济的异化现象。如果产业结构的演进仅仅是为了少部分人的利益，而损害了大多数人的福利，这样的调整就是非帕累托最优的。而在现代化的产业结构调整目标设定上，必然以实现大多数人的利益，以消除两极分化为目标，同时，在产业结构调整的最优目标应该是实现经济的发展为人服务，而不是人为了经济的增长服务。因此，产业结构的现代化应体现民本性。

六是产业结构调整的开放性。在经济全球化的背景下，产业发展越来越脱离具体的某个封闭区域。因此，现代化的产业结构必然是开放的。产业结构的开放化也被称为产业结构的国际化，随着生产要素和资源在全球流动的加速，产业结构的变动打破了产业结构的封闭区域，使得产业结构的演变在国际环境下逐步演变。首先，产业结构的开放性要求有共同的市场。跨国公司的发展为产业结构的外向型发展提供了具体的载体。其次，国家在产业结构的开放过程中扮演着越来越重要的角色。这是由于国家是产业经济在外部环境的最终依靠力量，只有一个强有力的国家和政府对产业结构进行指导，才能促进本国产业有内部支撑优势。最后，产业结构的开放性必须要求有相应的制度协调机制。制度的协调可以提高产业结构开放的综合效能，从而有利于内外部各要素的自由流动。

总而言之，产业结构的现代化是一种产业结构由低级向高级转变过程中，依靠创新、软化、开放等具体内容，既在过程中实现现代化目的，又在过程中解决现代化问题，因而产业结构的现代化是实现产业发展中传统和现代统一的关键。按方向看，调节产业结构现代化发展的方式主要包括横向调节和纵向调节，以及由横向调节和纵向调节结合起来的调节。实现产业结构现代化的方式，理论上存在四种类型，一是市场调节，在市场调节过程中，主要是发挥看不见的手对资源配置的作用，通过价格调节实现对要素资源的配置。二是政府调节。主要是以政府对资源计划型配置为主。三是混合调节。也就是将市场调节和政府调节混合起来。四是社会调节。就是发挥市场隐形眼睛功能，以社会为主体间接实现产业中的资源调配。在产业结构现代化过程中，所谓的中国式现代化的制度也是通过这四个主体对产业结构产生影响，在四维的立体面中，任何一个单独的维度都不能支撑起产业结构现代化。

## （二）影响因素

根据历史唯物主义的观点，产业结构的现代化必须具备一定的基础条件。按照经济发展的一般规律，可以分为自然性条件和非自然性条件两种，其中以地理环境为代表的自然性条件在起点上决定着生产力的发展，而建立在自然性条件基础上生产力的发展又决定着经济关系以及经济关系后面的所有其他社会关系的发展。对于产业结构而言，各因素通过产业结构的供求关系实现产业结构中要素的重新组合。如图 5 所示。具体而言，这些影响因素包括自然、人口、技术、资本以及最重要的制度等。

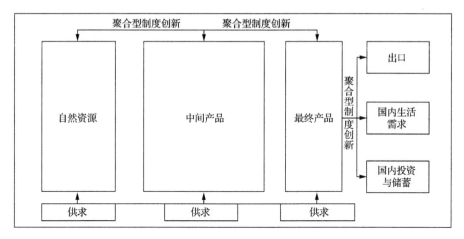

**图5 产业结构供求关系**

Fig.5 Industrial structure supply and demand relation

一是自然禀赋条件。自然禀赋包括自然环境和资源条件。首先，自然环境决定了一个国家产业发展的基本特征，如区位条件、产品的输出类型等。同时，自然环境还决定了一国产业发展的供求状态，在发展初期，受制于资源的不足，一国必须通过一系列的创新实现劣势向优势的转变。其次，资源禀赋一般以生产要素为基础。资源条件决定了产业发展的类型。如是加工型的还是开发型的产业等。总而言之，自然环境和资源条件是一国或地区经济产业结构现代化的基础。

二是人口因素。人口因素包括人口的数量和人口的质量。人口数量直接决定了产业所提供产品的潜在消费规模，消费规模又直接影响了产业结构的高级化程度，比如如果农业人口过多，则产业结构会以第一产业或者第二产业中的初级加工产品为主，而第三产业中的服务产品就会相对较少。而人口的质量也会决定产业结构的高级化水平，但通过还会影响产业结构的合理化水平。这是因为，人口质量的高低决定了消费的结构，消费结构既可以影响中建产品的需求，又可以影响最终产品的规模和品类。随着经济的持续增长，收入水平不断提高将不断提升消费的需求总量，与之相适应的消费结构也会发生变化，具体表现为消费结构的高级化。因此具有较高消费结构的人口会对第三产业的发展具有较高的拉动作用，进而可以促进产业结构的调整。另一方面，人口因素还决定产业发展中的劳动要素供给以及资源转换率。在技术条件不变的条件下，劳动力供给的增多可以加速资源的转换率，而过少的人口供给会降低资源的转换率。然而，如果人口从数量型向质量型进行转换，则较高的劳动力质量将会推动产业结构的高级化，实现产业结构向第二、第三产业转移。

三是技术进步。技术进步是产业结构演变的根本动力，产业结构首先要表现为生产的技术结构。生产的技术结构一方面改变了各产业之间的要素技术构成比例，另一方面决定了产业结构未来演进的科技进步是推动一国产业结构演变的最主要因素之一。人类文明的发展历史表明，技术的进步是推动文明更替的重要原因。然而，应该认识到，技术的进步的前提是基础科学的发展，在文艺复兴时期，如果没有天文学、物理学、化学、生物学以及相应的科学方法的支持，技术的进步将无从谈起，因此，推动产业结构现代化的技术进步必须建立在科学发展的基础之上。

四是资本因素。资本的拥有量对于产业结构的现代化具有重要影响。马克思曾指出："要积累，就必须把一部分剩余产品转化为资本，但是，如果不是出现了奇迹，能够转化为资本的，只是在劳动过程中可使用的物品，即生产资料，以及工人用以维持自身的物品，即生活资料。"一方面，资本的流动方向将决定了产业结构现代化的未来趋势。20世纪90年代以后，随着互联网经济的兴起，资本开始向新的经济形态涌入，为该产业的现代化起了重要的支撑作用。另一方面，资本拥有量决定了产业结构现代化的水平和能力。

五是制度因素。在产业结构的现代化过程中，资源、技术、劳动等因素的影响因素逐渐降低，而制度性的因素越来越重要。由于制度可以具有报酬递增的特定，产业结构可以通过重新组织化，以一种新的组织方式实现更高的经济发展绩效。按照制度的来源可以分为原生型的制度、外生型的制度和中国式现代化的制度。原生型的制度是指一个国家依靠自身的文化、历史、资源等自身所拥有的条件形成的制度类型，原生型的制度具有高度的稳定性。其原因在于，一是维系社会结构的软性约束具有高度的稳定性，除非具有强烈的外部冲击，那么这样的稳定性就不会被打破，从而形成了一个封闭的闭环系统。二是政治统治具有高压性。由于缺少变革的动力，统治阶层往往会对本国民众以高压的形态进行统治。外生型的制度是指制度供给完全来自于国家外部，完全是一种外部输入型的制度。在这种制度下的国家往往成为另一个制度输出国家的附庸，而其对产业结构的影响就是过度的单一化，产业结构的整体发展受母国的影响较大。第三种类型是中国式现代化的制度。中国式现代化的制度是一个国家通过对自身制度的变革创新，探索出的一种既能适合本国发展，又能有效应对外部环境变化的制度模式。整体来看，中国式现代化的制度是具有高效率，强弹性的制度模式。在图5中可以简单的表现出来，就是在产业供求过程中加快各类生产要素的汇集，提高产业结构的综合效益。

### （三）阶段划分

第一次工业革命以来，手工业逐步退出历史舞台，由机器和相应大工厂制度推进的新型产业模式不断出现，这也就形成了第一次产业结构现代化，其外在表现是传统的农业经济转向工业经济，其中经济结构中农业所占的比例不断降低，工业的比例不断上升。随着工业化的推进，伴随着工业经济的发展，服务业经济开始出现，也就产生了第二次产业结构现代化。现如今，世界已经进入知识经济的时代，在知识经济时代，人类面临着第三次的产业结构现代化，也就是农业、工业经济比例下降，而知识经济比例逐渐上升，如图6所示。由此可见，产业结构的现代化是随着生产方式的发展而生成的。

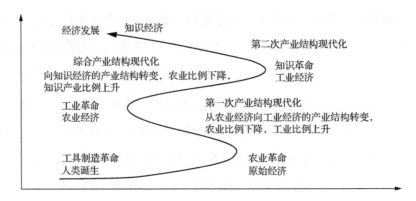

**图 6　产业结构现代化的阶段划分**

Fig.6　The stage division of modernization of industrial structure

资料来源：何传启:《中国现代化报告 2018——产业结构现代化研究》北京大学出版社，2018，第132页。

第一次产业结构的现代化。第一次产业结构的现代化是以机械取代人力为标志的。到 18 世纪中期，经济社会开始从农业、手工业为基础转化为以工业和机械制造为主，进而带动经济发展。18 世纪末，第一次工业革命以蒸汽机大规模应用为标志。蒸汽机的改良与使用促进了纺织工业、机械制造业以及交通运输业的发展，第二产业部门开始逐步取代第一产业部门成为经济结构中的主导产业。得益于蒸汽机的发明和使用，应该率先完成了工业革命，成为了"世界工厂"。机械生产代替手工劳动，社会经济从以农业、手工业为主转变为以工业及机械制造为主。同时，由于科学技术发挥了越来越大的作用，由资产阶级控制的工厂逐渐取代了手工工场，彻底改变了传统生产方式。在生产方式的剧烈变革下，世界各国开始了向工业化即现代化迈进，资本主义的世界体系开始形成，而亚非拉等国家开始沦为殖民地和半殖民地，东方开始从属于西方。总而言之，第一次工业革命使生产力得到极大提升，市场上的商品越来越丰富，资产阶级日益成为经济社会的统治阶级。

第二次产业结构的现代化。1866 年，德国人西门子制成发电机，发电机的发明标志着第二次产业结构现代化的开始。与第一次产业结构现代化过程中工匠的经验积累所不同的是，第二次产业结构现代化中的自然科学技术扮演了关键角色。随着 19 世纪自然科学的重大突破，新技术革命的产生具备了条件，科学技术成果被迅速、广泛地应用于工业生产当中，从而促进了产业结构中的技术结构不断高级化和专业化。科学技术在产业部门中的应用主要体现在四个方面，一是电力的广泛应用；1866 年，德国人西门子制成了发电机，1870 年比利时人格拉姆发明电动机，从此，电力开始带动机器，成为补充和取代蒸汽动力的新能源。二是内燃机与新式交通工具的创制。三是新的通信手段的发明。四是化学工业的建立。19 世纪七八十年代，以煤气和汽油为燃料的内燃机相继诞生，90 年代柴油机制造成功。19 世纪 80 年代，德国人卡尔·弗里特立奇本茨制造出由内燃机驱动的汽车，从此以内燃机所驱动的整个交通产业开始逐步发展起来，同时，内燃机的发明也推动了石油产业的发展，1870 年到 1900 年，全球石油开采量从 80 万吨上升到 2000 万吨。另外，随着新型产业发展对以蒸汽机为动力基础的传统产业所造成的回波效应，传统的纺织、冶金、机器制造业等基础工业部门逐步实现了改造，因此，各个工业先行国家的整个产业结构开始形成了以重工业为主导产业的产业结构状况。生产力的发展必然要促进生产关系的变革，在生产力的作用下，企业结构也发生了变化。与第一次产业结构现代化过程中所实现的规模小、效益低为特点的工厂制度相区别的是，在第二次产业结构现代化过程中，股份公司开始出现，适应了扩大企业规模的实际要求，同时也诞生了超大规模的垄断组织。随着大工业文明的确立，整个世界都被卷进了世界资本主义工业体系。由于垄断资本的形成，垄断资本开始了对世界的统治，资本输出成为金融资本向全球扩张的主要手段，在垄断资本的统治下，资本主义经济体系、殖民体系最终形成。在世界资本主义经济体系中，形成了"中心—外围"的世界经济格局，工业化程度高、科技先进的欧美等国成为世界产业的中心，而其他落后国家则日益成为中心地区的原材料产地，从而走上了一条非自主型的工业化道路。

　　第三次产业结构的现代化。20 世纪中期，产业结构现代化演进进入了第三个阶段。在这一阶段中，计算机、原子能、空间技术和生物工程等发明和应用开始粉墨登场。第三次产业结构的现代化与第一、第二次产业结构的现代化具有时间上的继起性、动力上的承继性。在第二次产业结构现代化过程中，随着电子与信息技术的广泛使用，第二产业中的制造业自动化程度不断提升，但为进一步提高效率，信息技术、新能源技术、新材料技术、生物技术、空间技术和海洋技术得到了快速发展，尤其是随着计算机技术的发展，新一代的互联网通信技术发展迅速，互联网的发展提高了三次产业中的数字化、智能化水平，因而大大提高了劳动生产率。第三次产业结构的现代化浪潮使得以互联网为代表的新型服务业在整个国民经济中的比重越来越大。同时，第三产业中的非物质化和信息化水平也得到了不断的强化。自动化生产线开始出现，并在一些企业中得到使用，但投入成本高。

第四次产业结构的现代化。第四次产业结构的现代化将从自动化向智能化、网络化和集中化方向发展，自动控制、人工智能与大数据信息处理技术得到广泛应用，人类社会将面临新的发展机遇。首先，将促进生产工艺和信息技术的融合。其次，促进智能化工厂的发展。智能工厂的发展将实现工业系统的整体跃迁，通过建立一个生产设备、生产资源、生产管理系统互联互通的网络化制造模式，可以实现各种终端设备、应用软件之间的数据信息交换、感知、分析处理、维护。最后，工业互联网将得到大力发展。在第三次产业结构现代化过程中出现了实体经济与虚拟经济脱节的现象，互联网技术的发展促生了超越实体经济的虚拟经济。以制造业为主体的实体经济逐步让位与虚拟经济，发达国家出现了"去工业化"浪潮。

## （四）主体分析

在现代化动态过程中，产业结构发展的主体包括微观经济个体，中观上的企业，以及宏观上的政府三大主体。微观经济中的个体对制度的安排最为敏感，但其组织属性最低。中观上的企业是产业发展的主体，是市场经济中产业发展的主要单位。宏观上的政府一般包括中央政府和地方政府，中央政府和地方政府的博弈是产业结构现代化演进的重要原因。

第一，微观经济主体是产业发展的基本单元，其具体表现形式就是单个的经济人。由于制度人的行为具有塑造功能，对不同的产业结构来说，不同的微观经济主体的经济行为动机具有差异性。第一产业中的微观经济主体往往并不是以经济利润最大化为目标，由于传统二元经济结构的存在，传统的非正式制度对第一产业中的微观经济主体具有较高的束缚。随着产业结构的高级化程度加深，二元经济结构将被打破，第一产业中的劳动力会逐渐向第二、第三产业转移，从而形成了第二、第三产业发展的主要推动力。同时，第一产业中的经济人与第二、第三产业中的经济人存在着巨大的差异性。一方面，受社会分工的束缚，第二、第三产业中的经济人往往并不具备在第一产业中经济人的综合素质，也就是说其发展程度未必有一般意义上所称的农民的能力强，因此，从现代化的意义上来看，第二、第三产业中的经济人是异化的。另一方面，由于第一产业广泛存在的边际报酬递减倾向，该产业类别中的经济人受一般性收入的影响较大，因而也是二元对立形成的基本原因。制度的关键功能是增进社会秩序，社会秩序的优化可以提升社会资本的层级和网络化水平，因此由制度创造的社会资本本身也可以作为一种生产要素。

第二，企业主体是产业发展的主要组成部分。产业是同质企业的集合，诺斯也认为企业的发展是替代市场的重要路径。在西方新古典经济学的分析中，企业存在的功能是向市场提供商品和服务，企业的目标是追求利润。在追求利润的过程中，企业通过信息搜寻可以获得产品市场和要素市场的有效信息，可以根据市场中价格信号机制调整生产要素的技术组合实现利润最大化。根据马歇尔"四位一体"要素理论，企业是关于劳动、资本、土地、企业家才能的生产产品和服务的生产函数。由于追求利润最大化目标，为最小化企业的生产成本，企业应该选择适度的生产规模。新制度经济学认为，确立排他性费用及内部控制的成本、决定于产权是否被确定下来。通过产权确定而形成的排他性权利可以提高社会的净福力量。科思认为企业的存在是作为价格机制的替代物。在资源配置过程中，企业相对于市场具有三方面的优势，一是企业的存在减少了签约的数量。二是企业能以较低的价格得到生产要素。三是企业家的存在可以使得企业契约得到很好的执行。企业的所有权是影响企业行为的关键。

第三，政府主体在产业结构的调整中发挥着重要作用。早在古典经济时期，在崇尚自由经济的环境下，亚当·斯密就预见了政府在经济发展中的巨大作用，可以说最早提出了有为政府的理念。到凯恩斯时代，随着资本主义矛盾的激化，政府被放到了更重要的位置，政府的作用成为产业发展的关键。直到第二次世界大战以后，以日本、中国台湾、韩国、中国香港著称的亚洲四小龙的经济腾飞过程中政府更是发挥了关键性的作用。不管在什么样的社会制度下，政府的角色关键而又重要。促进制度创新是政府的一项职责。早在古典经济学时期，亚当·斯密就曾多次强调政府在经济发展中的作用，如提供必要的经济基础设施，为国民财富的增加提供必要的扶持。

第四，社会主体是产业结构发挥结构功能的重要组成部分。在一般的产业结构理论中，社会性要素并不发挥作用，其考察的对象和内容多是从产业与产业之间的经济技术联系出发。然而，根据我国在产业发展上的经验来看，社会性要素发挥了重要的功能。首先，有利于以产业优化实现更合理的收入分配结构。产业结构的调整过程也是一个财富重新分配的过程，随着新的产业形态的发展，其必然带来某一类产业过高的利润率，而低一层次的产业具有相对较低的利润率，这就导致了不同产业发展主体的收入差距。而合理的产业结构应该是有利于实现收入分配的合理化，通过相关制度设计，解决由产业发展带来的两极分化问题。其次，有利于促进创新。按照马克思主义政治经济学的观点，生产力的发展必须要通过社会的形式来实现，因此，社会也是生产力发展的源泉。基于此，社会中的创新应是促进产业结构演化的重要内容。

# 二、中国式现代化制度创新的界定

新古典经济理论认为经济增长的因素主要包括劳动、资本、技术，但随着新制度经济学的兴起，制度性因素逐渐被纳入经济分析的框架之中。从微观层面看，制度是个人乃至社会在历史中形成的一个总体遵循。从宏观上看，制度则构成了经济社会运行的基本结构。只有认识到一个国家在历史的过程中建立的制度内涵，才能更加准确的认识一国的发展脉络。尤其对于产业结构的现代化来说，其基本的发展规律更是以其所遵循的基本产业结构演进规律为准的，所以本节将对制度及中国式现代化制度创新的概念、内涵、特征以及功能进行逐一阐述。

## （一）制度与制度创新

在现实的经济社会实践中，制度已经成为影响经济社会发展的关键变量，因此无论是社会学、人类学、政治学还是历史学都将制度因素纳入分析的范畴当中。与这些学科研究的制度不同，经济学的制度研究则是沿着旧制度经济学到新制度经济学的发展脉络传承下来的。在这一发展过程中，制度这一范畴一直都在演变。如表6所示，制度的性质、范式在近两百年的发展中产生的很大的变化。从20世纪90年代开始，制度开始被视为经济中的内生变量，从而被当作影响经济增长的关键因素。在新制度主义看来，制度是一系列正式的规则和非正式的行为规则及其实施特征的总称。那么，制度是什么？就目前的研究来看，学术界对制度并没有统一的定义。在彭和平《制度学概论》中，制度被定义为规定、构成、调整人们的关系、角色及其行为的有明文规定和强制力的社会组织的构成形式。[1]

---

[1] 彭和平：《制度学概论》，国家行政学院出版社，2015年，第30页。

### 表 6  制度经济学的性质和范式

Table.6 The nature and paradigm of institutional economics

|  | 施切莫勒 | 凡勃仑 | 康芒斯 | 门格尔 | 哈耶克 |
|---|---|---|---|---|---|
| 制度的性质 | 习惯和规则 | 共享的思想和行为习惯 | 集团行动控制个体行动 | 展示相对整体的功能性的社会现象 | 规则和秩序 |
| 制度的范式 | 国家 | 私有财产；厂商；有闲阶级 | 运行中的机构；普通法 | 金钱 | 金钱、语言，道德，法律。 |
|  | 威廉姆斯 | 诺斯 | 青木 | 规制学派 | 霍奇逊 |
| 制度的性质 | 管制或交易模式 | 博弈规则；正式和非正式约束，执法 | 与博弈法相关的信仰自转体系 | 法律化的基本关系；制度化的妥协 | 构造相互关系式的嵌入式社会规则 |
| 制度的范式 | 市场、层级 | 财产 | 企业 | 工资劳动关系、国家、金钱 | 语言 |

资料来源：贝尔纳·夏思旺：《制度经济学》，暨南大学出版社，2013，第103页。

而制度创新则是将制度与创新两者结合在一起研究的概念。所谓的制度创新就是组织结构和制度构型的更替，是组织发展获得新的生命力和持久活力的动力来源。[①]一般而言，制度创新是一个渐进的过程，在这个过程中，制度主体通过衡量收益与成本之间的差值从而做出是否存在创新利润，创新利润决定了制度创新是否得以实现的可能。当外部环境发生改变时，制度创新主体会改变制度创新的预期收益，在这种情况下，原有的制度均衡被打破，在新的制度均衡尚未形成之前，受创新利润驱使的行动集团会做出反应。因此，制度创新包括第一行动集团和第二行动集团。在自上而下的改革中，第一行动团体是中央政府，第二行动团体是其他组织，如地方政府、行业公会等，也可能直接就是民众。在制度创新的过程中，政府起着重要的功能。可以说，制度发展的过程就是从一个制度均衡再到另一个制度均衡的一个循环往复，但又有新的创新内涵的过程。

---

① 彭和平：《制度学概念》，国家行政学院出版社，2015年，第366页。

**图7 中国式现代化制度的生成过程**

Fig.7 The formation process of convergent institution

制度创新具有重要的意义。首先，制度创新是产业发展的根本动力。作为人类有意识地改造社会，调节社会组织方式的重要手段。制度创新通过创立一种新的制度形态和制度模式，使生产关系不断适应生产力发展的需要，进而通过新的生产关系可以推进生产力的发展。其次，制度创新是产业结构演变的重要内容。再次，在之前的论述中可以发现，不论是哪一次产业革命，归根结底都是新制度革新旧制度，这一过程本质上就构成了制度创新的重要内容。再其次，制度创新反映了一个国家的综合能力和水平。制度创新是国家软硬实力综合、内外部环境博弈的结果制度创新。如日本明治维新时期的变革是在美国佩里叩关事件后的自省式的制度创新。这种制度创新源于日本民族的历史、文化和社会发展状况。最后，制度创新奠定了未来发展的基础。现代经济竞争的终点是制度的竞争，只有不断的制度创新，不断的吐故纳新，才能为未来经济的发展奠定基础。

要对中国式现代化制度创新进行界定，首先要明确中国式现代化概念的内涵。从聚合这一概念的来源看，其在计算机科学和化学中应用较多。在计算机科学中，其是指对各种信息的集合。在化学中，聚合一词源于聚合物，是希腊语 Poly（many）和 meros（parts）合成而来，意思是许多和部分。聚合物是指很多相同或不同的小分子化合物形成大分子的过程，由小分子形成大分子化合物被称为聚合物。聚合物是由成千上万的原子以共价键的形式连接起来的。聚合物与聚合物之间的差异取决于分子间力和每个分子内部的分子内力，以及分子中存在的官能团。简单地说，聚合物就是许多不同或相同部分组成的整体，这一整体在特定的条件下会产生不同的性质，如图8所示，聚乙烯就是由两种不同的分子团通过催化作用，形成了我们日常所见到的形形色色的聚乙烯类制品。

$$n(CH2=CH2) \rightarrow -[-CH2-CH2-]-n$$

**图 8  聚乙烯的结构简式**
Fig.8  Simple structure of polyethylene

借鉴高分子化学中的聚合这一概念，并结合制度创新的内涵。根据聚合的概念，在社会科学中曾出现过中国式现代化政治制度这样的概念，该概念认为必须要尊重公民的个体性，强调个人利益的实现。根据这一概念，本书认为中国式现代化制度创新是指在制度创新中发挥每个主体的作用，通过以较小的部分形成高质量的整体，从而形成更强大的制度功能，这一整体性的制度创新通过某种联系联结起来。首先，中国式现代化制度创新是一个发展的过程。在这一过程中，随着外部环境的变化，会有不同的新的内容不断被添加进来。其次，中国式现代化制度创新是以国家为主体有意识、有目的的创新过程。再次，中国式现代化制度创新是内外部聚合和制度结合的结果，两种内外部聚合形成混合型输入，通过与制度作用，共同产生中国式现代化输出，从而生成中国式现代化制度创新。在文献综述中，制度已经得到了多方面的论述，但从产业经济发展中的制度来看，制度可以分为两个方面，一是产业政策。二是影响产业发展的具体制度。通过世界各国的产业发展实践来看，产业政策对产业结构的调整具有直接作用，如日本、中国台湾在 20 世纪 60 年代对本国产业发展战略的调整，直接使其产业结构转向了工业型产业结构。与产业政策相比，影响产业发展的制度具有稳定性，从另一个层面来看可以说是一个国家在长期发展的战略。因此，所谓的中国式现代化制度可以界定为一个经济体在中长期中为实现既定的目标所依循的一系列内外部制度要素的总称，这些内外部制度要素是决定一个经济体区别于另一经济体的主导因素。中国式现代化制度是一个生成的过程，从图 8 可以发现，内生型制度是由一个外生型输入与自身的制度相结合，随后再产生一个中国式现代化的输出的过程，在这一过程中，原本制度中包含的制度要素被重新激活，在技术和劳动等经济要素给定的条件下，中国式现代化制度的输出可以不断催化生产要素的活力，进而可以促进产业结构的整体协调。最后，中国式现代化制度还可以按照聚合的程度分为低度聚合、中度聚合和高度聚合，按照聚合的质量可以分为有序聚合和失序聚合。

中国式现代化制度创新对于一国的经济发展具有重要意义。首先，中国式现代化制度是区别不同经济体的核心，是实现经济体运行的关键变量。可以说，正是中国式现代化制度聚合结果的差异，才决定了不同国家的经济发展差异。对于产业经济发展来说，尽管从表面上看都是第一、第二、第三产业的优化发展，但从其发展的内核来讲，这样的产业发展的原因、目的存在巨大差异。其次，中国式现代化制度作为一个经济体中长期发展战略的指导思想，其形成是在长期的历史发展中逐渐形成的，因而具有时间上的累积性。再次，由于中国式现代化制度具有内在的稳定性，因而其变迁往往是渐进的。最后，倘若没有更好的制度选择，外部冲击对中国式现代化制度的影响相对较少，即使发生，也只是对制度的外围发生影响，而对其内核的影响相对较小。

**（二）中国式现代化制度创新的内涵**

由于外部环境的高度不确定性，仅仅通过中国式现代化制度仍存在较大的局限。第一，外部环境的高度不确定性不能保障制度的适宜性，制度的适宜与否是影响经济绩效重要原因。比如尽管西方发达国家尽力输出自己的民主制度，但由于内源化后的制度并不适宜输入地的外部环境，从而产生了更大的问题。第二，中国式现代化制度也可以形成僵化的制度模式，以苏联为例，尽管这种制度在一定程度上也是中国式现代化的，但由于长久的运行缺乏创新，从而导致了制度僵化，最终导致了制度的崩溃。因此，中国式现代化制度必须通过不断的创新，才能实现持久的发展活力。

第一，中国式现代化制度的创新强调国家的主体性。新制度经济学之前，制度往往被视为外生的，但外生的前提下忽视了制度因素在经济增长和经济发展中的作用，因此新古典经济理论在解释现实问题上就显得十分苍白。对于发展中国家而言，国家的主体性对于中国式现代化制度的形成和发展具有重要作用。一方面，国家可以依托其强大的动员能力快速推动变革，而由于中国式现代化制度的稳定性特质，这样的动员能力所造成的负面影响相对较少。因而，可以推动国家从经验型的制度向理性型制度的转化。另一方面，国家的主体作用还体现在通过中国式现代化制度增强国家整体竞争能力。历史的实践经验表明，以国家为主体的推动可以实现国家竞争能力的跃迁，第二次世界大战后的日本、中国的实践已经证明。尤其对于发展中国家而言，由于缺乏完善的市场环境，国家的主体地位具有重要意义。中国式现代化制度是一种国家发展战略思想，其根本目的在于指导国家的发展。

第二，中国式现代化制度的创新强调人的能动性。不同时期、不同历史环境下的中国式现代化制度建立的基础存在差别，在我国近代以前，封建性的制度正是因为排斥社会进步，排斥广大人民的利益而追求封建士大夫的局部利益而导致产业结构的长期不前，如在意识形态上，法家抑商贾，道家厌奇巧，而儒家则为统治者片面强调忠恕而耻言利。而在西欧，议会制度的兴起正是要维护商人阶级的利益而成立的。在日本，明治维新主要的推动力量也是在制度中占多数的上层阶级所推动的。综上所述，就是要强调中国式现代化制度创新的人的主体性，就是要坚持产业发展的力量是来自于人，对人的有效制度激励是形成中国式现代化制度创新的基础。

第三，中国式现代化创新强调不同制度模式的协调。从社会制度模式来看，就是要强调政府、市场之间的协调。自1929年大萧条以后，以凯恩斯为代表的西方经济学家开始关注政府在市场经济中的作用，到现在，政府与市场之间的协调关系已经成为经济学界的一个共识。由于中国式现代化制度根本上还是调节市场主体的关系，因而作为中国式现代化制度组成部分的政府和市场必须要进行讨论。人类的经济实践表明，市场机制必须要在资源配置中发挥决定性作用，市场作为一种复杂的制度构建，通过供求、价格机制调节资源总量以实现供需平衡。但由于市场经济主体本身的有限性的存在，市场中存在较大的不确定性，正是这种不确定性产生了市场风险。因此，在发挥市场决定性作用的同时，必须还要发挥政府的有效作用。正如诺斯所言，创设一项制度，提高其适应性效率要比配置效率更重要。然而，实践已经表明，政府与市场经济的融合并不是尽善尽美的，政府在市场中调节的失误主要表现在不能充分搜集经济体运行的信息，而这种信息的缺失会造成潜在经济资源的利用不足问题。因此，中国式现代化制度强调在政府和市场的基础之上，还要加入社会，通过政府、市场、社会三方面的协调，实现经济体的协调发展。

第四，中国式现代化制度创新强调制度创新要发挥产业结构现代化的最大效益。通过研究西方现有产业结构理论可以发现，产业结构高级化理论和产业结构合理化理论均没有讨论现代化所带来的产业结构的问题。产业结构现代化所带来的问题是现代化在产业结构演进中的体现，因此产业结构的现代化问题就包含有现代化问题中的诸多方面。一是生态环境问题。发达国家的发展经验表明，现代化的发展尽管带来了工业化的巨大成就，但却是以生态环境的破坏和污染为代价的。因此，产业结构的调整必须通过制度创新来实现。在中国式现代化制度创新中，就是要把生态环境的问题聚合到产业结构现代化的具体实践当中，使生态环境问题在产业结构调整的过程中就被消除。二是贫困问题。早在19世纪，马克思就深刻批判了资本主义带来的两极分化问题。2014年，由法国经济学家皮凯蒂著作的《21世纪资本论》发现资本主义的发展使得贫困问题越加严重了。也就是说，尽管西方发达国家建立了完善的社会保障体系，但缺乏根本性制度创新的资本主义国家并没有很好的解决贫困问题。而中国式现代化的制度创新通过调动贫困人口的积极性，将其纳入产业发展的市场经济环境中，通过促进第一产业内部结构的现代化使其获得与其他经济主体一样的市场地位，从而可以摆脱贫困。总之，中国式现代化制度创新就是要通过使社会生产行为更有价值，从而实现产业结构的现代化。

第五，中国式现代化制度创新强调制度创新的开放性。由于中国式现代化制度创新也是一个从外部环境不断吸取优秀要素的过程，因此，这一创新过程就需要不断的吸收外来的优秀要素。在马克思的分析范式中，中国式现代化的制度创新就是要跨过民族、阶级和社会的壁垒，实现全人类的共同进步。同时，还应该强调的是，中国式现代化制度创新本身就是一个过程，而这一过程本身就是曲折而艰辛的。因此，新制度的生产必须要具备一定的外部和内部环境，单纯的强调内部因素和外部因素都是不正确的，开放性就成了中国式现代化制度创新的重要内涵。

第六，中国式现代化制度创新强调制度的整体性。中国式现代化制度创新是一个探索发现的过程，在这一过程当中，要实现有效性制度的聚合，通过精炼有效的制度结合成为一个完整的制度体系，从而构建出具有国家特色、可以形成促进产业结构现代化效益的制度体系。强调制度创新的整体性，就是要通过制度创新整合国内的各种因素，以整体主义的态势推动产业结构向现代化的方向调整。

### （三）中国式现代化制度创新的构成

中国式现代化制度从不同的角度，具有不同的构成。如果按照新制度经济学的范式，中国式现代化包括两个方面，一个是正式的制度，另一个是非正式的制度。前者包括通过法律形式确定的意识形态、产权结构、政治结构、法律体系，而后者则主要包括阶级形态、文化环境以及民族精神。总的来说，中国式现代化制度是一个社会在一定历史发展过程中的理性选择，其形成过程是一个创新性的探索过程。具体来说，中国式现代化制度包括以下几个方面。

第一，中国式现代化制度创新的内核。人之所以为人，正是人具有独特的意识，意识的产生是制度产生的前提，因此意识层是中国式现代化制度的核心。意识层是一个国家中的每个人所拥有的最核心的信念，人们的信念决定了人们的行为方式。基于信念，则构成了制度意识，制度意识既是现实制度的观念形态，也是它赖以形成的逻辑起点。意识层对人口变量产生影响。尤其对于技术人员来讲，中国式现代化的制度对其具有重要意义。这是由于技术人员是核心技术的载体及源泉创新，通过对技术人员多层次的激励，可以不断提高技术创新能力。意识层同样会带来另外的社会成本，即阻止制度变革。意识的重要性在于社会在历史中不同的经验及其对不同信念体系发展的含义。在向更复杂、更互相依赖的文化演化的压力环境中，人类的意识选择了不同的制度模式，这些制度模式又进一步导致了不同的制度绩效。意识层决定了价值层，发达国家在解释中国经济增长奇迹的过程中，把价值取向上的偏向作为一个重要的内容。

第二，中国式现代化制度的文化层。在意识层形成的基础之上，形成了文化层。哈耶克认为，文化是及时传输人类积累的知识的机器。共同的文化提供了一种减少人们不同的心智模型的方式，构建了一种传递共同感知的途径，因而在一定程度上降低了社会运行的成本。纵观经济发展的历史，文化对人口、社会产生了强大的影响，直到现在，文化依然对经济行为乃至经济绩效产生了重要影响。在早期的人类历史发展中，神话、迷信和宗教发挥了重大的影响，比如在人类的早期，基督教文明对西方经济发展的影响，中世纪伊斯兰文明对阿拉伯经济发展的影响，从古至今，儒释道文化对东亚经济发展的影响，等等。可以说，文化是由行为规范、价值观和思想的代际传递形成的，文化的作用在于对秩序的确认。

第三，中国式现代化制度的要素层。主要包括劳动、资本、技术等经济体中的要素。要素是制度得以运行的基础，所谓的资源配置，也就是说要素资源得到了配置。在制度分析的框架下，产业发展中的要素就是要用制度去调动不同的要素，使得这些要素的配置符合既定的制度目标。首先，产业制度中的主体是人，新制度经济学分析的制度主体也是以人为单位的。其次，资本在产业发展中具有决定性地位。最后，技术要素是产业演进的根本动力。另外，按照要素的来源不同，中国式现代化的制度创新可以分为内生型的中国式现代化制度创新和外入型的中国式现代化制度创新。内生型的中国式现代化制度创新强调从本国要素禀赋数量和结构出发，而外入型的中国式现代化制度创新则强调外部环境的重要性。在现实的实践中，往往是内部生产和外部引入两者的结合。

第四，中国式现代化制度创新的运行层。在产业的运行当中，运行层包含有两方面的内容。一是市场。产权导致有效的价格体系，因此建立产权是第一部，设计出一种产权体系，能在产品和劳务的生产和交换中降低交易成本。因为每个要素和产品市场具有不同的物质、技术、信息和政治特征，因此，价格体系的一般条件的创造必须伴之以每一市场中构建必需的制度框架，以产生有效率的结果。组织层。如果将制度定义为博弈规则，那么组织就是参与者。组织和制度构成了制度变迁的决定性因素，组织对节能和知识的投资方向反映了潜在的激励结构。特定的制度结构产生了特定的组织，组织之间形成的复杂网络以及其他关系的复杂网络是在制度结构的基础之上搭建起来的。组织的学习是制度演化的主要动力。二是政府。市场经济的实践已经证明，市场中存在市场失灵的问题，因此就需要有政府制度的辅助。同时必须要限制政府行为的制度，使市场免受其害。作为一个概念或一个范畴，制度属于人类意识范围。因此，制度必须要有制度意识。就其形式而言，由于制度意识的形成首先依赖于人的头脑对客观事物的加工制作，因此制度的形式是主观的。而就其内容而言，由于作为形式存在的制度必须依赖于客观的外部环境，因而制度的内容又是客观的。正如诺斯所说的，制度并不意味着主体理性程度的提升，而是基于社会环境所采取的应对风险和不确定的措施。同时，根据制度的实现形态来看，制度必须具有制度实体，制度的实体就是制度的实现形式。按照制度的一般实践形态来说，制度有根本制度和具体制度之分。根本制度是指决定经济社会发展的根本性制度，根本性制度对经济社会的发展具有决定性作用；而具体性制度则是在根本制度指导下具体的制度表现形式，如一般的正式制度等。根据新制度经济学的一般定义，制度是指一组正式规则或非正式规则的总称。

## （四）中国式现代化制度创新的功能

制度并不仅限于经济领域，经济是在人类社会当中的人们的行为准则，人们依靠制度来衡量自己的行为。制度包括约定俗成的道德观念、法律、法规等。制度具有三个层次，一是习俗和惯例；二是日常规则；三是所有权关系。必须与生产力发展的水平相匹配。从微观到宏观，中国式现代化制度的功能包含有三个层次的含义。

一是对微观经济运行的功能。降低交易成本。交易成本被定义为度量呀交易的物品的成本和实施合约的成本，因此产权体系的建立能在产品和劳务的生产和交换中降低交易成本。因此每个要素和产品市场具有不同的物质、技术、信息和政治特征。因此，价格体系的一般条件的创造必须版之一在每一市场中构建必需的制度框架，以产生有效率的结果。交易成本产生于度量一种商品或服务的多重有价值的维度，商品和服务具有关系个人效用的多重维度。如果每个维度都能被度量，就可以精确的界定产权，从而增加效用，降低交换成本。具体而言，微观层面的产权保护具有以下五个方面的功能：1. 保护个人产权，实现有效激励；2. 整合社会分散的知识，实现个人资本的提升；3. 促进人的专业化分工，提升生产效率；4. 加快推动个人实现约定，实现人与人的组织化；5. 消除外部性，助力实现帕累托改善。

二是对中观经济运行的功能。首先，有利于促进产业结构的高级化。产业结构的高级化就是产业结构沿着第一、第二、第三产业结构的顺序演进，实现低级形态向高级形态的转变。其次，有利于实现产业结构的合理化，具体表现为优化产业结构之间和产业结构内部的比例关系，增强产业关联度及协调性。最后，有利于规范产业发展的外部环境。这种激励将促进产业结构实现规模报酬递增，进而会促进经济的高质量增长。促进了合作，亚当·斯密是第一个提出人都是追求自利的经济人假设，但也正是亚当·斯密第一个发现人类合作的伟大之处，在于合作。为了预防"囚徒困境"和"搭便车"行为的发生。

三是对宏观经济运行的功能。提供结构运行调控和组织的目标。一方面，有利于确定政府的调控目标。中国式现代化制度的出发点就是要合理的确定政府部门的宏观调控的目标取向，是维护大多人的利益还是维护少部分人的利益。另一方面，有利于明确市场主体的经营目标。对后期的制度创新具有重要意义。整合新的知识，从而有利于厘清政府和市场的关系。同时，中国式现代化制度的功能还表现在对宏观市场失灵问题的关注，比如贫困问题的缓解，具体而言，就是将广大的贫困人口纳入市场经济的轨道当中，进而提升这部分人的收入水平，维护产业安全。

# 三、中国式现代化制度创新与产业结构现代化的关系

产业发展的制度环境包括两个方面：产业政策与产业制度。首先，为什么要用中国式现代化制度弹性来解释产业结构的现代化，制度在产业结构现代化过程中具有什么样的必要性。其次，在产业结构现代化过程中，中国式现代化的制度对产业结构的发展，以及产业结构内部有什么影响。再次，根据新制度经济学的理论，作为在历史中所形成的制度在实施的过程中存在路径依赖的问题。最后还要分析制度的路径依赖在产业结构现代化过程中的机制。

## （一）中国式现代化制度创新在产业结构现代化中的必要性

现代经济的发展已经证明，劳动、资本、技术必须在制度的框架下发挥作用，良好的制度对于现代经济增长具有重要意义。早在 19 世纪，马克思用历史唯物主义的方法就指出主生产力决定生产关系，生产关系对生产力具

有能动的反作用。虽然马克思并没有用生产关系指代制度，但从苏联以及其他社会主义国家的经济实践来看，生产关系就是后来制度主义学派所说的制度。而所谓的中国式现代化制度是制度中的一种，是内嵌在一个经济体中的核心部门，是经济增长的灵魂。恩格斯在《家庭、私有制和国家的起源》中指出历史中的决定性因素，归根结底是直接生活的生产和再生产。然而，产业发展的实践已经表明，现代化的产业结构必须通过制度来进行保障。制度在产业发展中基本作用就是对人和物产生影响。也就是对社会的物质资料生产和再生产实行经营管理和对人口的生产和再生产实行调节。因此，在产业结构现代化过程中，中国式现代化制度的发现、培育以及构建具有重要的现实意义。

第一，中国式现代化制度有助于降低市场风险。一方面，现代市场经济理论也表明，产业经济的发展在市场经济条件下必然存在一定的风险，为了克服这样的风险市场失灵的发生要求政府发挥有效的作用。不论是发展中国家还是发达国家，产权的有效界定、规则的建立是制度建设的主要内容。尤其对于产业经济的发展而言，制度具有重要的导向作用。另一方面，根据科思定理，制度构建的根本原因在于降低市场交易成本，而交易成本的降低会间接导致市场风险的降低。总之，制度作为调节生产的一种方式具有一定的必要性。最终的落脚点在于降低市场风险，提高市场预期。

第二，中国式现代化制度有助于产生激励。制度本身对经济中的创造性行为产生了激励，这种创造性行为最终会演变为技术的进步，从而促进产业结构的进步。一是对微观经济主体的激励，欠发达国家的农业迟迟不能得到发展的贫困表明，对农业的激励应该在农民的行为进行激励，也就说要增强其发展的内生动力。对于第二、第三产业来说，依然是这样。所以说，激励的主体始终应该是人。经济发展的动力在于鼓励生产性努力，抑制分配性努力。[①]随着制度的进步，作为主体的人将更加主动地参与生产，也就是马克思所阐释的人的

① 盛宏：《现代制度经济学（下卷）》，中国发展出版社，2008，第76页。

自由性将在生产过程中得到解放。二是对组织的激励。人的行为集合构成了组织，组织的激励是产业发展的必要条件。制度的基本功用在于约束追求主体利益或效用最大化的组织或个人行为。激励功能分为正激励和负激励，正激励对产业的发展具有推动作用，负激励对产业的发展具有阻碍作用。

第三，中国式现代化制度为产业结构的现代化指明了方向。中国式现代化制度首先要明确制度意识和制度目标。其中，制度意识是制度存在、发展以及变革的理论基础，制度意识既是现实制度的观念形态，也是它赖以形成的逻辑起点。在制度建设的整个过程中，制度意识始终是它的灵魂。而制度目标是建立制度要达到长期、中期或近期的目的。制度目标是制度的权力机关为了巩固、发展或调整某些社会关系，而对所辖的社会组织及其成员的行为，采取强制规范的一种迫切需求。制度目标是制度意识的具体表现，是使制度意识中的理论向现实逼近的特殊一步。在 20 世纪 70 年代，日本新制度经济学家宇泽弘文基于日本经济发展的实践提出了经济史中的结构与变迁命题。宇泽弘文指出农业不仅具有生产维系人类生存的基本资料这一最基本的功能，还在保护环境、在生产活动中避免实质上的自我异化，以及维持社会整体稳定等方面发挥着核心作用。产业结构的演进必然要对社会结构产生影响，也就是说，要通过产业结构的现代化促进其所谓的社会共通资本的形成。[①]由于强调历史的重要作用，因此中国式现代化制度可以为产业结构的现代化目标指示发展的方向。

第四，中国式现代化制度本身就是一个资源重新发现利用的过程，但这种资源具有一定的特殊性。作为一种特殊，中国式现代化制度是不同经济体区别于另一经济体的本质差别。而这种差别又在一定程度上表现为一种比较优势。一方面，中国式现代化制度是一种软性资源，这种软性资源可以润滑产业发展过程中产生的摩擦。在市场经济中，由于交易成本的广泛存在，产权关系的不明晰，非正式的制度可以为这些摩擦降低制度成本。另一方面，

---

① 宇泽弘文：《社会共通资本》，浙江人民出版社，2018 年，第 36 页。

中国式现代化制度通过资源的重新发现，可以提高经济绩效。总之，中国式现代化的制度创新可以通过决定构成生产总成本的交易和转换（生产）成本来影响经济绩效。

## （二）中国式现代化制度创新在第一产业中的意义

第一产业是国民经济的基础产业，第一产业的原始功能是为社会的生产、生活提供基本的物质材料。传统经济学认为，以农业为代表的第一产业由于存在土地的边际报酬递减的规律，农业的收入增长率是最低的，然而，如果引入制度变量，也就是说从制度优化的角度，由于制度优化具有报酬递增的特点，所以第一产业在经济中的绩效可以实现改善。然而，在现代化的视角下，第一产业中的功能应该进一步扩大。由于结构的功能必须通过制度来实现，制度为结构功能的实现提供了必要的组织条件。因此，第一次产业结构的功能的实现必须要认识制度在其中的作用。

中国式现代化制度有利于提升第一产业的制度供给。制度的有效供给是产业发展的重要条件。如前文所述，中国式现代化制度中国式现代化制度的改善有利于提升制度供给的质的。一是中国式现代化制度的主体可以了解第一产业制度的问题，因而可以提高第一产业制度供给的需求，通过运行层进而实现制度供给的提升。二是可以促进制度创新。通过利用潜在的制度资源，可以为新的制度提供更多的路径，从而可以提高制度的创新途径。三是为第一产业的发展提供了重要的外部环境。促进传统的第一产业向具有现代化特征的现代化第一产业全面发展。

第一，有利于提升第一产业的经济绩效。为第一产业的发展提供了组织基础。有效率的经济组织是经济增长的关键。通过不断优化第一产业的生产渠道、流通渠道、投资渠道、产品结构、农业生产经营结构、产品空间结构和要素供给结构。通过以中国式现代化制度为中介，可以提升第一产业产品的商品化、市场化、产业化、科技化、绿色化、机械化及智能化。作为一种重要的制度公共产品,中国式现代化制度的发掘可以为第一产业的发展提供良好的发展环境,进而促进第一产业附加值的提高,最终提高第一产业的经济绩效。在第一产业中,土地的所有制,土地产权的界定,劳动力的组织形式是影响第一产业经济绩效的主要制度模型。在我国的三权分制改革中,土地这种对于产业发展的关键性要素得到了重新的组合和利用,随着三权分制改革的不断推进,农民的财产性收入将会有一个较大的提升。

第二,有利于优化第一产业的内部结构。一是就产业发展本身,第一产业包括农、林、牧、副、渔等,中国式现代化制度可以充分调动各个子产业中闲置的资源,从而延伸产业链,提升产业附加价值。二是通过优化第一产业的内部结构,实现第一产业内部结构向二次产业化,进而提高产业附加值。三是可以促进第一产业内部结构的融合发展。一方面可以更好地发挥自然要素的禀赋资源,另一方面可以拓展自然资源的利用途径,实现绿水青山就是金山银山。通过促进创新,实现第一产业中的各个组成部分融合发展。

第三,有利于第一产业的可持续发展。21 世纪是可持续发展的世纪,可持续发展的实现必然要求有可持续的产业结构。由于第一产业的特殊性,其发展方式对自然生态环境具有直接影响,因此必须要有制度对其进行调节。一方面,通过从价值层为第一产业的经营主体传播新的经营理念、思想,可以在一定程度上转变第一产业的发展观念。另一方面,通过在运行层上位第一产业的发展提供新的知识、技术,可以在实践中为第一产业的可持续发展做出贡献。

总而言之,第一产业中的可持续发展就是要通过土地制度、金融制度、财政农业支出制度和农业技术创新与推广制度等的制度的聚合创新供给来为农业结构性矛盾的解决创造基础性、前提性、引导性和保障性条件。

### (三)中国式现代化制度创新在第二产业中的意义

工业生产包含两方面的含义,一是对自然界物质财富的采掘和采伐,例如对采矿业、伐木业等，这类直接采取自然物质资源制造生产资料、生活资料的生产部门叫采掘业。二是对矿产、第一产业产品等物质财富进行加工、再加工，使其在形态或性质上发生变化。第二产业的发展一般是一国经济发展的主体，是决定一国综合竞争力的源泉。因此，与第二产业相适应的制度形态直接影响了第二产业发展的水平。

第一，制度可以直接影响第二产业中的投入—产出。与第一产业相比，第二产业对自然资源的投入要求较少，而对技术、资本以及制度的质量具有较高的需求弹性。因此，本文所分析的中国式现代化制度可以对第二产业的投入—产出能力产生影响。历史上的产业革命实践充分证明，不断优化的制度形态可以直接提升工业产出的效率。比如工厂制度、泰勒制度等，其对工业发展水平的提升具有明显的促进提升作用。

第二，制度可以加强对第二产业的制度激励。激励是制度的基本功能，在第二产业中，中国式现代化制度通过创新提高了产业结构的高度化能力，进而可以增强第二产业的发展素质。在市场机制主导的经济体制下，市场机制本身的运行就会对创新形成一种促进力。产业政策对创新的促进主要表现在四个方面：一是为创新活动指示发展前景。二是减少创新的时滞。三是可以调整市场结构，促进创新。四是可以协调产业关联，更好地发挥创新的扩散效应。[①] 中国式现代化制度强调经验的积累，在动态规模经济的作用下，实现报酬递增。

第三，制度通过具体化为战略促进工业化的发展。从发展的角度看，工业化不是一国经济发展的重点，但都是经济发展、实现高人均国民收入的必由之路。发展中国家职能利用各种有利的条件加速工业化的进程，而不能逾越以制造业为中心的工业化阶段，而直接进入以信息技术为核心的后工业社会，然而，在广大的发展中国家，资本、技术等外生变量对其工业化进程的影响尽管在早期阶段比较重要，但随着工业化的推进，制度会越来越成为稀

---

① 周振华：《产业结构优化论》，上海人民出版社，2014年，71页。

缺性的要素。但发展中国家具有的比较丰富的人力资源优势可以通过中国式现代化的制度得以发挥出来，因此可以实现动态规模经济。其基本的路径就是通过制度形成战略，再推进工业化水平的提高。

### （四）中国式现代化制度创新在第三产业中的意义

根据产业结构演进的一般规律，第三产业在整个国民经济中所占的比重具有递增的趋势，其基本原因在于第三产业有着最高的收入弹性，即使农业和工业劳动力占总量的比重停滞增长时，它的劳动力份额仍会增长。以我国为例，截止到 2019 年，我国第三产业比重已达到 53%。然而，从发达国家的经验发现，第三产业的高占比对于一个国家的现代化发展并不是完全有利的，尤其是发达国家出现的产业空心化问题更是证明了一点。因此，第三产业在整个国民经济中的地位以及功能应该受到一定规则的引导，而这种规则恰恰可以由一个国家中国式现代化的制度来构建。

第一，促进三次产业的协调发展。无论发达国家还是发展中国家，产业结构的协调发展都是产业发展的重要目标。产业结构的协调不是自然而然的结果，而是后期主动调整的结果。因为按照产业结构的一般演进规律，三次产业结构会导致第三次产业结构比重大大高于前两次产业结构，但这种产业结构形态并不是一种良性协调的模式，良性的产业结构协调是指产业之间可以实现较强的交换和互补运动。产业结构的协调包括产业结构整体的协调和产业结构内部关系的协调两个方面。但综合起来看，产业结构的协调总的目标是为了提升优势产业素质的提升以及相关产业地位的协调。

第二，促进三次产业向第一、第二产业纵向融合。随着产业结构的现代化水平不断提升，产业之间的分工会更加细化，产业之间的融合趋势会越来越强。因此，为了促进第三产业更好地服务于第一、第二产业，中国式现代化制度可以通过一系列的措施，达到三次产业融合发展的目的，从而实现产业结构的合理化。一方面，通过制度激励促进各个产业之间的比例关系，实现产业之间的正向相互影响和共同促进，具体表现为产业关联的影响力和感应度得到提升。另一方面，通过提高产业结构中的供给结构和需求结构对应水平，实现产业结构整体聚合质量的提高。

第三，促进中国式现代化制度中的资源部门向第三产业转移。中国式现代化制度中的文化层作为一种资源，可以直接作为第三产业中的一个部门，从而可以加速第三产业的发展。同时，有利于实现产业产品的差异化，产品差异化战略是价格歧视的基础，因此，通过文化层中的产品可以促进第三产业产值的提升。

## 四、小结

一般来说，制度性因素属于产业结构现代化的过程研究，过程研究业构成了产业结构现代化的重要内容。根据对第三产业的分类可以发现，广义的第三产业可以分为传统第三产业部门和现代第三产业部门。传统第三产业部门主要包括交通、餐饮、住宿等过去存在的产业部门，而现代的第三产业部门则主要涵盖金融、信息、社会化服务等新兴产业部门。在产业发展的实践当中可以发现，传统部门和现代部门并不是完全隔离的，而是彼此融合在一起的。因此，传统部门和现代部门融合效率的提升的必要前提就是有相关的制度设计。本章主要就产业结构现代化和中国式现代化制度创新的基本内涵以及两者之间的相互关系进行了初步的探索。并在一定程度上对二者的相关内容进行了界定，在接下来的章节中，将就中国式现代化制度创新在产业结构现代化中的一般机理进行分析。

# 第四章 中国式现代化制度创新在产业结构现代化中的机理分析

改革开放的四十年是产业结构深度变革的四十年，其根本原因在于制度的重新设定。机理原指机器的构造原理和工作方式以及机器内部各部分间的组合、传动的制约关系。机理在《辞海》中的解释是指机器的构造和动作原理，可以引申理解为某系统的"内在工作方式"。对机理的认识意味着对事物的认识从现象进入到本质。对一个系统而言，机制就是由组成系统的各因素的相互关系形成的系统构造所决定的系统工作原理，是系统各要素运动的方式、方法的综合。对于产业结构的现代化来说，其系统的运行与中国式现代化制度存在一定的关联调控机制。同时，中国式现代化制度也是经济机制的内在组成部分，中国式现代化制度与产业结构具有双向影响的机理特征。因此，本章主要论述中国式现代化制度在产业结构现代化中的机理。

## 一、中国式现代化制度创新调节产业结构的四个维度

市场经济发展到今天，其本身形成一种高度发达的运行机制，其发展既具有市场的功能，又具有制度形成的功能。一般而言，通过市场机制调节产业结构是一种经济系统的自我调节过程。在市场经济中的价格机制、供求机制以及竞争机制下，生产要素可以实现重新组合并在不同部门中进行流动。

同时，在这些机制中，企业、政府、社会作为不同的决策主体构成了不同的维度，在这些维度中共同影响着产业结构的调整。在市场这一维度中，中国式现代化制度的各个构成部分通过影响供求，进而调节价格实现产业结构的调整。总之，在产业结构现代化过程中，市场、政府、企业、社会是中国式现代化制度产生的四个主要维度，由这四个维度所形成的中国式现代化制度创新可以促进产业结构调整。

## （一）市场维度

早在中世纪，安萨里就曾预言市场可以通过交换来实现自我的进化。在现代的市场经济当中，产业结构中的中国式现代化制度主要是以追求利润最大化和成本最小化为目标。市场维度目标的形成根源于经济人趋利避害的理性假设。因而，市场维度为产业结构的现代化提供了重要的驱动机制。具体来看，就是通过市场经济中的价格机制、供求机制和竞争机制来实现产业结构的不断演化。在这一维度当中，中国式现代化制度中的价值层、运行层、制度层、反馈层形成的目的都是以实现经济资源的利润化为准。中国式现代化制度在市场维度中的机制作用主要有以下四点。

一是对市场规模的影响。中国式现代化制度通过价格机制、供求机制和竞争机制直接影响市场的规模。对于一个大国来说，强大的全国性区域市场的市场需要依靠制度的不断完善来实现。市场对中国式现代化制度具有双向的影响。一方面，市场的规模影响中国式现代化制度的质量。另一方面，制度又对市场产生促进作用。在市场经济中，制度对二次产业结构的影响机制是不同的。对第一产业而言，制度的效用是最大的。因为存在自然生产要素边际报酬率的递减，所以第一产业的市场效率主要靠制度的有效性来实现。最后，制度性的因素可以影响市场的分割程度。根据杨格定理，市场规模与专业化分工具有相互加强的作用。因此，制度一方面影响市场规模，另一方面影响专业化分工，进而可以实现双方的循环累积。

二是对技术结构产生影响。在市场环境下，技术结构与制度结构具有同步性。技术开发和学习具有规模经济的特点，这种规模经济效益使私人收益率与社会收益率发生背离，是市场机制不能很好调节这种背离。在市场机制的调节下，产业结构的创新能力会受到影响，尤其是投资大、风险强、周期长的高技术产业难以得到顺利发展，从而影响产业结构的转换能力。

三是增强生产要素的流动性。在市场经济条件下，生产要素的自由流动是实现高产出和高利润的前提。然而，对于转轨国家而言，由于缺乏完善的市场环境，因此必然要通过先期的制度建设促进生产要素的流动。其一，要促进劳动、资本、土地以及技术等生产要素的价格化，这是由于价格体系的市场化是市场化的主体。其二，要促进生产要素在产业之间的流动，可以说，产业结构变迁背后的动力就是生产要素的流动，在现代市场经济条件下，尤其是要增强生产要素的横向流动，促进其在企业中流动，实现生产要素的组织化、规模化和动态化。

四是有利于加强产业间的联系。现代产业关系已经突破了古典经济学中企业雇主和雇佣者之间的关系，而走向了更加广泛的经济、社会和政治综合化的关系。在市场机制下，产业由于产业主体追求的目标函数存在差别，产业关系是提升产业素质的关键。因此，必须要认清产业关系中的利益关系格局。一般而言，产业间的关系格局是通过所谓的投入——产出之间的形成的，然而，这种观点知识认识到了产业之间的技术联系，而没有认识到制度框架对产业关联的影响。因此，应该认识到形成一定的产业利益格局最重要的是产业制度；与经济运行机制相适应的产业制度，在很大程度上决定了产业利益关系的基本格局。

## （二）政府维度

政府维度是市场维度和社会维度建立联系的关键中间环节。在政府维度，政府的功能在于为产业结构的调整提供外部环境保障，而政府维度中中国式现代化制度的根本目的在于发挥政府的优势，促进需要发展的产业的发展。同时，应该认识到，政府所扮演的角色并不是发展中国家的"威权主义"的单一角色，在本书的分析框架下，应将政府作为一个关键的，但是不凌驾于所有东西之上的一个主体来看待。一般来说，从政府维度调节产业结构主要包括直接调节和间接调节两种模式，从纵向来看，政府调节产业结构的空间维度包括中央政府和地方政府两个维度。在市场维度发挥失灵的时候，政府可以通过直接的产业政策以及间接的投资、税收等政策调整产业结构。所以，在产业结构现代化过程中，政府在中国式现代化制度所起到的作用主要有四点。

一是降低产业发展风险。首先应该明确的是，政府也是市场机制的重要参与者。尤其对于第一产业而言，政府在其产业发展过程中往往扮演了重要的角色。政府部门为第一产业的经济主体融入市场维度提供了各种渠道，从而可以使第一产业为第二、第三产业输送更多的物质原材料，并且随着产业结构现代化水平的提高，第二、第三产业也会对第一产业的发展提供越来越多的资源，在这一过程中，政府部门发挥着重要的作用。

二是为产业发展提供稳定安全的外部环境。作为经济增长的核心，产业结构的发展必须要有一个稳定安全的外部环境。早在古典经济学时期，亚当·斯密就已经论述了国家在经济发展中的重要作用。在现代经济社会，政府所提供的外部环境已经大大宽泛化了，而且随着市场化水平的提高，政府的更多职能在于为产业的发展提供良好的营商环境，降低政府部门的负外部性，并且提供产业发展必要的基础设施。建立产权制度。一般性制度构建。从某种意义上讲，政府也是具有生产力的，如雷艳红在此基础上提出了"财政市场"的概念。[1] 因此，在产业结构调整时，市场的平行交易行为和产业政策中地方政府的垂直管理行为共存。

三是为产业的发展降低制度性交易成本。发展中国家在发展产业过程中

---

[1] 雷艳红：《财政市场：概念发展与制度存在》，《公共行政评论》2018年第2期。

遇到的最突出的障碍在于政府部门的制度性交易成本过高，所谓制度性交易成本就是政府部门在履行政府职能时对经济主体产生的摩擦成本。民族国家的独立是产业发展的必要条件。政府部门的价值取向取决于其发展的指导思想，发挥着重要功能。以我国为例，不论是在改革开放之前，还是改革开放之后，我国政府部门的价值取向均是以人民为中心。之所以会产生价值取向上的持久性，是因为单一制政党的现实和政党所秉持的发展理论决定的。在政府价值取向的指导下，政府对产业结构现代化的发展方向具有把控作用。

四是实现三次产业的资源互补。第一、第二、第三产业中的要素流动要求必然要求三次产业资源彼此之间的流动。对于第一产业而言，第一产业既为第二、第三产业的发展提供了原材料和必要的初级原始生产要素，又以其市场进一步优化了第二、第三产业的市场结构。在现代市场供求机制的调节下，有利用政府的有为作用实现资源的跨部门转移。

然而，值得注意的是，政府维度中的中国式现代化制度创新存在激励扭曲的问题和信息不足的问题。例如，在改革开放初期，我国将中央政府的产业政策简单垂直分解为地方产业政策，在执行过程中，地方政府极易产生机会主义行为倾向，通过上有政策和下有对策的囚徒式博弈使得产业政策的方向发生偏转，进而造成产业政策的失败。另外，如果政府在中国式现代化制度创新中承担过重的责任，将会丧失掉过多的信息获取的机会。因此，在地方层面上的产业结构调整，应该遵循要素禀赋一致的原则。同时，政府维度中的制度创新发挥作用的重要前提是存在政府意识上的统一性，政府意识上的统一性确保了政府制度的高效性，并在一定程度上保障了政府行动的灵活性。这是因为（1）政府意识决定了政府服务的对象，明确了服务的对象之后才能确保制度在设计之初的制度意识；（2）对于大国经济来说，政府意识的统一实现国家行动的必要前提，是综合中央政府和地方政府利益的重要心理基础。应该指出的是，随着社会生产的发展，市场制度将会日益挤占政府的某些职能，政府在新的环境下应该重新定位自身的角色，并为市场制度的发展提供必要的条件。

### （三）企业维度

企业是产业发展的载体，是实现产品整合、加工、运输、销售的一种机制。在新制度经济学看来，由于企业可以实现外部成本的内在化，因此企业是对市场的一种替代。在产业结构的现代化过程中，中国式现代化制度可以通过企业这一市场中间介质对产业的发展进行一系列的调整，从而可以推动现代化的产业结构形成。但企业的发展是一个过程，因此首先要明确的是现代企业这一范畴。

第一，企业是产业结构现代化的经济细胞。在产业发展的历史上，企业的出现大大加快经济发展的模式。企业是人类社会分工的一种组织模式。一方面，企业作为一种将人类行为制度化的一种机制，可以实现提高资源配置的有效性。另一方面，企业加速了社会分工的速度，通过产权的分割和资产专有化，企业使得个人能在集体中完成复杂的工作。同时，企业因其目标性，可实现对特定资源的优化配置。因此，可以说，企业是产业结构现代化中的重要经济细胞。

第二，企业是产业结构现代化的主要载体。在企业的发展历史上，先后出现了不同种类的企业类型。这些企业类型承载了不同的经济社会功能。如在企业出现的前资本主义时期，其功能是为了实现统治阶级积累财富，扩大统治地位的手段。到了资本主义时期，其重要的衍生组织公司则是为了获得最大化的利润。而在当代社会，根据所有权形态的不同，企业的不同形态既可以作为实现国家职能的手段，又可以作为私人牟利的工具。总之，在产业结构的现代化过程中，这些不同种类的企业依其功能不断推动着产业结构的演进。

第三，企业的产业结构现代化的重要介质。企业的出现实现了人通过特定的工具对外部环境的控制，因而企业是联结人这一主体与物这一课体的重要中间介质。作为重要的连接中介，企业可以最大化发挥人的主体性，同时最大化利用物的稀缺性。在产业结构的演进过程中，不论第一、第二、第三产业最终发展到哪一个阶段，其最终的联结点都可以还原为企业。所以说，企业是产业结构现代化的重要介质。

第四，企业是产业结构现代化的功能主体。现代化问题的产生是组织行为负外部性的结果，作为产业发展的主体和载体。企业通过制度创新实现源头上负外部性内在化。一方面，生产力发展需要不同类型企业的支撑。这些企业通过创新推动技术的升级和组织的创新。另一方面，企业可以对现代化的种种问题进行消解。因此，企业是产业结构现代化的功能主体。

### （四）社会维度

产业结构的变化终归要细化到社会中每个人的发展，也就是说生产力的发展最终要对生产关系产生影响。在社会这一维度中，中国式现代化制度在产业结构中的关键作用在于形成社会资本，从而实现促进整个社会结构的进步。发展的根本目标不应该是最大化国家总体财富，而应该是最大可能地发展每个人创造财富的能力。因此，在社会维度中，应尽量发挥人的最大潜能，形成潜在的人力资本。正如马克思在共产主义原理中所言的，实现共产主义的生产力仅仅依靠机械和化学的手段是不行的，而必须发展使用这些手段的人的能力。总而言之，从社会维度看，就是要关注社会结构的演变对产业结构的影响。[1]

一是发挥以产业资本促进生成社会资本。社会资本是社会中人与人形成的关系网络，产业资本的形成会对社会资本的生产具有重要促进作用。一方面，产业发展的主体始终是人，人在产业活动中形成的关系本身就意味着社会资本的生产，也就是说在生产中形成了生产关系。另一方面，对于特定产业而言，产业资本向不同产业的输入，会影响这一产业的社会资本情况，比

---

[1] 韩东屏：《社会结构：制度性三位一体》，《世界哲学》2019 年第 1 期。

如第一产业的发展将会形成更加有效率的产业组织，对于个人而言就是形成社会资本。从而可以优化产业发展的投入—产出关系。微观视角的分析，产业结构变动对劳动收入具有重要的影响。[①]

二是发挥产业资本优势，实现社会公正。通过所有权形式的经济制度对社会公正产生影响，所有权是经济制度的核心，只有符合社会发展的所有权形式，才能真正实现社会的公正目标。对此，应不断健全完善农业发展的基本制度体系，通过产权的进一步明确，让土地、自然资源可以作为重要的生产要素融入到市场当中。同时，在收入再分配阶段实现按劳分配为主体的分配制度，同时加大转移性支付力度，让更多的人能够享受到经济发展的成果。

三是通过社会反馈机制，优化产业结构。通过产业利益代表机制，形成产业关系的合理结构。社会中的反馈机制可以分为正反馈机制和负反馈机制，正反馈机制通过表达社会成员中对产业发展的正面呼声，可以促进产业的合理化演进，而负反馈机制则通过反对的形式抑制某些产业的发展。无论对于第一、第二、第三产业中的哪一种产业，社会中的反馈机制通过对个人心理因素的调控系统，对于其发展均具有重要意义。

四是制度通过社会维度实现权利的再界定。在传统文化占有绝对优势的国家，制度可以改变权利的分配方式实现社会权利的再界定。首先，具有不同价值属性的新规范和约束对于社会中的不同群体具有不同的影响。其次，社会的评价机制因为新制度的出现发生变化。如社会中对贫困问题的看法就因为贫困政策取向发生了巨大的变化。最后，制度通过转移权利资源实现新的权利赋予。

同时，由于单纯的依靠市场、政府以及社会不能完全表达社会主体的利益诉求，现实中产业结构的调节方式更多的是依靠这三种调节的混合，也就形成了混合调节。混合调节有利于发挥三种调节方式的优势，同时通过三种

---

① 于泽，章潇萌，凤良：《我国产业结构变迁与劳动收入占比的演化》，《中国人民大学学报》2015年第29卷第4期。

调节方式的融合降低三种调节方式的缺陷。但不同于萨缪尔森所说的既含有市场机制的调节，又含有政府干预的混合经济市场模式。在此维度中的中国式现代化制度创新不能仅仅发挥市场主体的作用，而是应该将制度创新的主体扩散到社会中的每个主体和个人当中。因此，这种决策结构既有分散又有集中，整个经济制度中的信息可以通过价格和计划来实现。

混合调节是动态的，要结合一国的具体国情和历史阶段，根据产业结构调整的实际需要进行判断。一般制度经济学的观点认为，制度具有普遍性，然而深入分析可以发现，制度作为上层建筑的重要组成部分，嵌入其中的制度是历史发展的产物，也就是说并没有一个一般化的制度模式放之四海而皆准。同时，应该认识到，混合调节应该与日本从明治维新起就实行的"官民混合调节①"方式相区别，在混合调节过程中，应充分重视市场在产业资源的决定性作用，同时发货政府调节的有为作为和社会调节的积极功能作用，弥补市场调节产生的市场失灵。

混合调节可以发挥不同调节方式的优势，避免不同方式的劣势。在市场调节中，可以发挥市场对资源配置的决定性作用。然而，由于市场经济存在盲目性、自发性、趋利性等问题，就需要政府进行调节。对于一些市场不愿意进行调节的领域，如产业发展所需要的基础设施建设，由于其建设周期长，利润回报期长，因此这样的产业就需要由政府部门进行调节。同时，对于第三产业而言，由于社会部门可以灵敏的感知社会成员的需要，以社会公益部门为代表的社会调节可以有效弥补市场调节及政府调节的不足，有效对第三产业中的社会公共服务进行补充。同时，在社会部门中，更应该认识到社会资本的生产性功能。

---

① 官民混合调节：有能力的官僚的行政指导和企业对这种行为指导的依存关系。

## 二、中国式现代化制度创新在产业结构现代化中的动力机制

所谓现代化的内生动力，主要是国家内部因素推动现代化过程。纵观历史上发生的历次产业革命，可以发现建立在技术进步基础上的制度创新是实现产业结构现代化的根本性因素。而通过对制度创新的分析又可以发现，中国式现代化的制度创新在源头上促进了产业结构现代化的实现。因此，研究产业结构现代化的动力机制，必须从中国式现代化制度创新在产业结构现代化中的作用机理开始。

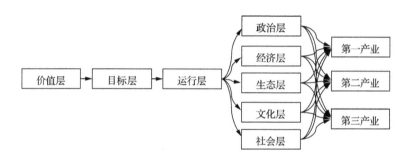

**图 9　中国式现代化制度在产业结构现代化中的动力机制**

Fig.9　The dynamic mechanism of convergent system in the modernization of industrial structure

如图 9 所示，中国式现代化制度在产业结构现代化中的动力机制以价值层为基础。

第一，价值层为产业结构现代化提供了基本的动力取向。作为制度的最原始状态，价值层通过人的行为习惯、习俗以及行为方式表现出来。第二，价值层构成了制度的主观方面。一般而言，制度是主观见之于客观的统一，但制度形成的首道工序是人的头脑对客观事物的加工制作，即人们运用思维的力量，割断所要反映的社会关系的现象和本质联系，撇开它丰富的现象方面，舍去其偶然的、非本质的属性，抽取和概括出存在于这些社会关系中的一般的、稳定的本质属性，以形成对制度的内涵及其本质特征的确认，并用科学的规范性语言表现出来。因此，制度在某种程度上是主观的。第三，价

值层构成了基本的制度意识。所谓制度意识，是指现实制度的观念形态，也是制度形成的逻辑起点，可以说，由价值层形成的制度意识是制度构建的灵魂。第四，价值层最终表现为制度的思想。在制度的运行过程中必然要涉及利益的博弈，因此反映什么样主体的利益必须通过价值层来实现。

由价值层决定的制度意识最终的外在表现就是要实现什么样的制度目标。制度目标是建立制度所要达成的长期、中期或近期的目的，是在制度思想指导下，用量化指标或目标模式的手段，对调节现实经济活动的一种直接反映。第一，制度目标的形成必须以制度意识为前提。也就是说，制度的价值层是决定制度目标的根本原因。第二，制度目标决定了社会关系的处理方式。在不同的社会制度中，制度目标决定了什么样的经济政策取向。第三，对于产业结构现代化来说。制度目标决定了产业发展的未来趋向。

在制度目标明确之后，就是制度的具体分类。一般而言，在现代化发展到今天的现实要求下，制度可以被分为政治、经济、社会、文化、生态五个方面。其中，经济、政治是制度不可变的内核，而社会、文化、生态则是可变的外延。在整个制度结构中，经济制度具有决定作用。一方面，经济制度直接反映物质利益关系。经济制度是指一定历史阶段的社会各经济部门或一方面的具体制度，如工业经济制度，农业经济制度，服务业经济制度等。另一方面，经济制度变革必然引起整个社会关系制度变革。在《共产党宣言》中，马克思就用精炼的语言深刻分析了社会关系与经济制度之间的关系。在经济制度中，所有制关系是核心，在经济制度系统中具有决定性作用。一方面，所有制形式决定了人们的经济利益。另一方面，所有制变革使全部经济制度变革的基础。随着生产力的发展，社会层、生态层和文化层的制度建设将会发挥越来越重要的作用。一方面，这三方面制度外延的建设为经济社会的发展提出了更高的要求。另一方面，三方面的制度建设为经济社会的发展提供了新的发展路径。

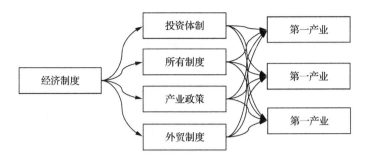

图 10　从供给角度看经济制度对三次产业结构的影响

Fig.10 The impact of economic system on the structure of tertiary industry is viewed from the
perspective of supply

　　如图 10 所示，从供给方面来看，经济中的投资体制、金融体制、产业政策具有重要作用。首先，投资体制受国家发展阶段的影响，在不同的发展阶段，国家所起到的作用也有巨大差异。在计划经济时期，我国的投资体制主要是受国家发展的意识形态影响，建立起了高度集中的计划管理体制，主要投资的目的是预防不确定性的外部环境。可以说，在新中国成立后的前三十年，我国的投资体制主要是为了稳定整体国家的发展环境。从 1949 年到 1952 年，我国以建立社会主义的经济基础为目标，实行了计划集中的公共投资体制。从 1953年开始，这种高度集中的管理体制进一步加强。直到改革开放以后，我国的投资管理体制开始逐步松动，从 1984 年起，通过引入受限制的市场机制，我国开始推进分权化改革进程，实行中央和省级管理项目投资建设，并下放了固定资产投资项目的审批权限，扩大了地方政府的投资决策权。

　　另外，对于不同的产业结构而言，不同的制度安排对于产业的发展具有不同的激励。对于第一产业中的农业来说，土地的开垦制度可以影响农业发展的效率。在 18 世纪的英国，以三圃制为代表的农地使用制度使得土地的利用具有分散化的特点，因此造成了较高的开垦成本，同时分散化的经营提高了农业的运营风险。到了 19 世纪，产业革命的发展直接导致了工厂制度的实现。20 世纪初，各种各样的适应大工厂生产的制度模式相继诞生。同时，随着资本力量的崛起，金融业的发展更是为产业的全球扩展插上了翅膀。可以说，制度与产业结构的现代化是一个相互促进、相互激励的过程。在此，应该认识到，短期内制度的优化对产业结构的调整具有时滞效应。一方面，经济主体对于制度的认知有一个学习的过程。另一方面，由于制度本身的不匹配性，短期内的制度可能对产业结构造成一定的伤害，因而经济主体会对这种制度进行消极抵制。农业的功能转化。

## 三、中国式现代化制度创新如何提升产业结构现代化质量

第一，中国式现代化制度创新的质量决定了产业结构现代化的水平和发展潜力。作为有序拣选出来的制度要素，内外部制度因子之间在特定条件下的结合可以实现整体制度创新绩效的最大化，进行形成有效的制度激励。激励问题是制度发展的基本问题。在整个产业结构现代化过程中，激励机制是否能发挥作用，关系着整个产业经济发展的质量好坏。

第二，中国式现代化制度创新质量的高低的决定性因素是生产力的发展水平。生产力的发展水平决定了产业结构的发展趋势，比如在改革开放初期，受生产力水平的限制，我国的产业结构现代化的整体水平偏低，其中第一产业中以传统农业，第二产业中以劳动密集型产业为主。在较低的产业发展水平下，形成了较低的制度需求。因此，在缺乏需求的条件下，中国式现代化制度创新的制度因子匮乏，造成了整体制度创新能力的不足。

第三，中国式现代化制度创新质量的发挥受产业结构现代化各主体的影响，长期以来，我国受传统思维影响，产业发展的各个主体存在功能性缺位的问题。一方面，政府在产业结构调整过程中扮演了过多的角色，而微观市场主体、社会组织不能发挥有效的功能。另一方面，主体能动性的不足还体现在知识的匮乏。具体表现为产业研发所占的比重较低，并且高新技术产业的研发和传统产业的研发分化严重。

第四，中国式现代化制度创新质量的提高具有层次性。中国式现代化制

度创新质量的层次性是指提升制度创新应有一定的先后顺序。从微观到宏观，制度创新质量的层次性表现为以下三个方面。其一，要保证市场主体的合法权益。而保证市场主体权益的前提就是要加强法治建设，使法治建设与市场经济建设并行，为市场经济的发展奠定制度基础。其二，在法治化的基础上，应该完善市场制度体系，包括竞争体系、价格体系以及各种调控体系。在这些体系的框架下，让市场在资源配置中发挥决定性作用。其三，要积极发挥政府的有为作用。发挥政府的有为作用，就是要转变政府的职能，将过度干预型政府向职能服务型政府转变。

第五，中国式现代化制度创新受非正式制度的影响。非正式制度是在历史中产生的，并在制度变迁过程中不断沉淀下来。非正式制度对中国式现代化制度创新有两个方面的影响。一是积极作用。非正式制度通过提升制度的组织聚合力来提升制度的整体质量。二是消极作用。非正式制度可以在某种程度上对制度进行消解。对于制度创新而言，就是要发挥非正式制度的积极影响，化解消极影响，并尽可能将消极影响转化为积极影响。

## 四、产业结构现代化过程中的制度路径依赖

在产业的发展过程中，由于某些历史性的因素会导致产业与产业之间的联系与产业的构成存在一定的历史性。这种历史性导致了产业结构向高级别的结构演化过程中出现滞后性，这种滞后性被称为制度的路径依赖。由于路径依赖问题的存在，现有的产业结构并不是最优的。

### （一）制度路径依赖的一般解释

路径依赖是制度在长期发展过程中形成的固定模式。20 世纪 80 年代，保罗·大卫在《技术选择、创新和经济增长》中指出了技术的路径依赖问题。90 年代以后，出于对制度变迁的研究，诺斯指出了制度变迁中的路径依赖问题。依据制度在网络化环境中产生的报酬递增效应，诺斯提出了路径依赖的

一般理论命题。作为新制度经济学的代表人物，诺思用路径依赖这一概念阐释了先前的制度选择制约着以后的制度选择的范围和制度演化的未来方向。诺斯指心智模式和政治过程是路径依赖产生的两个重要原因。其中，心智模式是指个体的行为受信念和心智行为的影响，而信念则又受社会知识积累的存量影响；政治过程是指制度的变迁所引起的正式制度的利益维护者所组成的利益集团的影响，这种影响增加了未来制度发展的不确定性。

在比较制度分析中，青木昌彦指出以往有权力强制引入的制度，由于其制度本身的自我约束性，在权力的强制力较小时候，经济体中仍然可以实现稳定的运作。在后来的研究中。青木昌彦通过引入博弈论的思想之后，提出了制度博弈演化的理论范式，揭示了长时期的路径依赖问题。在长期的路径依赖中，如果权力的强制力过大的时候，制度体系内的结构就会出现排斥的问题，反映在实际的经济运作过程中就是经济发生一定程度的混乱。

在产业结构现代化过程中，制度路径依赖通常反映在经济主体在产业实践中的失调。首先，激励约束机制不足导致产业主体出现道德风险和逆向选择。在我国的计划经济时期表现为国有经济代理人对国家资源的浪费。其次，由于受科层制的约束，官僚主义倾向导致整个的社会结构呈金字塔型。这个金字塔的实质是高度的信息不对称，处于金字塔底端的社会主体不能深刻认识到高层的意图，因而会导致在产业实践中的内生动力不足。最后，制度路径依赖造成了产业结构的扭曲。由于缺乏灵活的、具有弹性的制度设计，产业发展会日益走向极端化，进而导致三次产业结构的失衡。

总之，路径依赖的形成是过去在历史中形成的经验施加给现在制度发展选择的约束，可以说制度的路径依赖是影响产业结构现代化的关键障碍。

### （二）制度路径依赖的反馈机制

制度路径依赖的反馈机制包括正面反馈和负面反馈两种大类。制度路径依赖的正面反馈可以促进制度本身的进一步创新，具体包括五个方面，一是协同效应。二是互补效应。三是网络外部性。四是学习效应。五是适应性预期。而负反馈机制则是对制度会产生锁定效应，如中等收入陷阱就是制度路径依赖在整体经济中的负面反馈。中等收入陷阱指出，当一个国家进入中等收入水平时，由于受制度路径依赖的锁定而使国家陷入中等收入陷阱，其外在表现就是各种现代化问题接连出现，如经济停滞、贫富悬殊、环境污染以及产业结构的剧烈波动。具体到产业结构的现代化过程中，可以从以下两个方面进行说明。

第一，产业结构现代化中存在制度依赖的原因有三。就第一产业而言，农业始终处于低效率状态，无法被高效率的生产方式（1）受传统治理模式的影响。农业中的耕种传统是几千年形成的思维积淀，这一积淀构成了传统农业发展制度的根本认知模式。（2）利益集团的阻挠。作为经济制度的核心，所有制的转化是促进经济效率提升的重要手段。然而，在实现这一制度转换的过程中，利益集团的阻挠会大大提高制度变迁的成本。[①]（3）较大的制度变迁成本形成了路径依赖。东亚四小龙的产业发展经验表明，如果在经济发展中不及时调整发展战略，那么将会导致产业结构的逆转僵化，其基本的机制就是由制度路径的依赖导致产业内部结构变化时间缩短。然而，如果形成新的制度，那么新的成本又会产生。因此，对于产业的发展来说，在新的制度边际收益尚未大于旧的边际成本的时候，那么制度上的路径依赖问题就仍然会存在。

第二，传统的经济增长战略在推动工业部门发展的同时，忽视了传统部门的发展。第二次世界大战以后，随着计算机科学的推进，世界各国都开始发展先进电子产业，其中，以中国台湾、日本为代表的亚洲四小龙发展最为突出。在经济发展初期，中国台湾面临着巨大的政治社会压力，美援减少，投资储蓄不足，但在其政府和社会的共同努力之下，运用综合平衡的发

---

① 汤吉军，戚振宇：《国有企业发展混合所有制的路径依赖研究》，天津社会科学2018年第9期。

展战略，重视产业结构的协调发展，在 20 世纪 70 年代成为东亚重要的电子产品出口地区。然而，随着中国改革开放的崛起，台湾地区没有能适时改变其制度，导致在经济上过度依赖出口，从而导致其产业结构出现过度电子化现象。

第三，制度路径依赖加剧了产业结构现代化的摩擦。由于缺乏制度上整体建设，并且急于实现对发达国家的赶超，因而可能造成产业结构在转换过程中出现结构性摩擦的问题。首先，由于产业发展初始条件的不同，对于后发展中国家而言往往是背离人的基本消费需求，而重点发展重基础工业和重工业。因为农业和轻工业的先天发育不足，导致了三次产业间的生产率和收益率存在巨大差距，进而造成了三次产业在转换过程中出现摩擦现象。其次，在开放经济条件下，由于国家发展战略的设置取向不同，造成了产业结构在转换过程中出现摩擦，如表 7 所示。对于实施进口替代战略的国家而言，由于本国产业发展水平较低，伴随巴拉萨－萨缪尔森效应，实行进口替代战略会造成产业发展长期依赖外部市场环境。同时，由于二元经济结构的影响，生产资源过于集中在第二产业中，进而造成第一产业和第三产业发育不足。对于实施初级产品出口战略的国家来说，由于进而工业化发展轨道的时间较短，因而必然会施行向生产资料倾斜的发展战略，这就导致了产业发展的内在不平衡性加剧。

**表 7　不同发展战略下的产业结构**

Table.7  Industrial structure under different development strategies

| 战略选择 | 特点 |
|---|---|
| 进口替代战略 | 门类齐全、依赖内需、产业结构变动速度先快后慢 |
| 平衡战略 | 发展平稳、顺序正常 |
| 初级产品出口战略 | 结构发展倾斜、结构变动速度不均 |
| 制造业产品出口战略 | 制造业优先、结构变动大 |

资料来源：周振华：《产业结构优化论》，上海人民出版社，2014，第 116 页。

### （三）制度路径依赖的演化修正

制度路径依赖与物理学中的惯性定律十分相似，因而要保证制度不偏离正确的发展轨迹，必须时刻对其进行修正。产业结构现代化中制度依赖的修正就是要积极引导产业的正向发展，使之形成具有现代化发展趋向的结构。具体而言，制度路径依赖的修正应包含以下三个方面。

第一，改善产业发展外部环境。产业结构的现代化离不开产业发展的外部环境，良好的产业外部环境是产业结构现代化的基本前提。同时，为了预防制度路径依赖的负反馈效应，要从根源上改变对制度依赖比较强的产业的发展的外部条件，使之能更好地适应现代化发展的新情况。其一，要不断优化营商环境。通过降低制度性交易成本，促进资源在各个产业中能够自由的流动。其二，加强法治建设。通过建设更加有利于激发市场活力的法治体系，营造出制度化的经济空间。

第二，积极引导传统产业发展。受制于规模经济和既定利益格局，传统产业对传统制度体制具有较强的依赖性。因此，为了实现传统产业向现代产业的转型。必须要积极引导传统产业融入现代产业体系当中，继续发挥本产业的潜在优势。同时，通过新的制度激励鼓励传统产业的转型升级。其一，加大对仍具有发展潜力的传统产业补贴，允许其在市场竞争中享有一定的优惠条件。其二，促进传统产业与现代化产业的融合。对此，应加强股权激励和融合，鼓励现代产业融合传统产业。

第三，营造良好社会氛围。观念是制度路径依赖的重要方面，受文化、历史以及社会等软性因素的影响，制度路径的修正还必须不断优化整体社会氛围。对于发展中国家来说，由于缺乏全方位现代化的历史过程，因而必须要在制度上不断纠正社会中的观念性因素。其一，加大现代化理念的宣传引导，使现代化理念深入人心。其二，在产业结构现代化过程中，允许有试错、容错的空间和机会。

## 五、小结

    要实现产业结构中调节方式的优化，一应优化企业和国家的预算关系，使企业成为独立自主、自负盈亏的经济实体，从而形成市场主体。在不同经济发展阶段，经济发展的模式是不同的，市场机制和政府主导作用的大小也不是绝对的。实际上，市场机制和政府职能是相辅相成的，因此不能把政府和市场视为两个互相排斥的对立物。在尊重市场机制的前提下，根据地区经济的发展阶段和发展任务，以市场为导向发货政府职能的作用，通过适时调整经济发展战略和策略，建立政府和市场良性互动的关系，形成不同的经济发展模式。最后，必须要指出的是。制度变革能够带来经济繁荣的前提是，制度为推动经济发展所作的变革是实事求是的，盲目变革的后果不堪设想。

# 第五章 中国产业结构现代化发展的实践历程、中国式现代化制度创新及制度约束

新中国成立 70 年来，我国的产业结构经历了两个大的发展时期，在第一个发展阶段，我国初步奠定了现代化的工业体系。在第二个发展阶段，我国正朝着建成全面现代化产业结构方向迈进。然而，我国的产业体系长期处于世界产业分工中的末端，产业结构的现代化水平较低。同时，在过去的产业结构调整中过于重视量上的扩张，而不重视质上的提升。本章就我国产业结构的现代化发展过程进行逐一阐述和说明。

## 一、我国产业结构现代化中中国式现代化制度的总体特征

世界经济发展历史表明，并没有完全一致的经济发展模式适用于每个国家，因而中国的产业结构现代化模式是不同于其他国家产业结构演进的一般模式，在经历了内生化过程以后的中国式现代化的制度创新在我国产业结构现代化过程中具有一系列制度优势。

经济发展理论的科学性指导。我国产业结构现代化的制度内生于马克思主义的科学理论。马克思本人曾多次强调，马克思主义不是教条，而是方法和世界观。在科学的方法和世界观的指导下，我国以渐进式的结构调整不断

促进产业结构的现代化。一是消除了产业结构现代化过程中的异化矛盾。马克思指出，资本主义大工业造成了普遍意义上的生产关系的异化，在这种异化过程中，人与人、人与自然之间形成了尖锐的对立。不可否认，我国在经济高速增长时期也面临着这样的对立矛盾。但党的十八大以来，通过制度建设、制度内生，我国产业结构在整体上的协调性不断加强，其外在表现就是产业结构现代化过程中的异化矛盾锐减。2019 年，在 NASA 公布的最新数据中，我国对全球的绿色化贡献率达到 20%。二是发展理念的科学性。科学的理论必然产生科学的指导理念，在科学的指导理念下，才能使制度内生化于产业结构的现代化过程当中。在新的发展理念的指导下，我国的各项制度不断完善，生态文明体制、现代经济体制等不断健全。

产业结构现代化主体的人民性。以人民为主体的产业结构现代化模式是我国区别于西方传统产业结构优化理论的主要特征。第一，以人民为发展的产业结构调整在一定程度上修正了市场经济条件下的失灵问题。第二，以人民为发展的产业结构现代化以促进人的全面发展为核心目标。现代化的核心内容是人的现代化，而作为产业经济发展的重要组成部分，人的素质的提升无疑可以提高产业发展的质量。第三，以人民为主体的产业结构现代化是产业信息化、网络化、智能化的必然选择。

产业结构发展的现实性。产业结构发展的现实性就是实事求是，不断根据现实情况调整产业发展的战略，通过渐进式的产业结构调整战略不断实现整体结构的优化。第一，合理利用自身的比较优势。在新结构经济学的观点看来，发展中国家应该利用自身比较优势发展经济，并通过迂回发展模式，实现对发达国家经济的赶超，而只有认清自身的发展现实，才能合理利用这种比较优势，从而发挥各种生产要素的功能。第二，降低产业结构调整风险。通过拉美国家的激进式改革发现，由于不能认清自身经济发展的独特性，而盲目引进西方开出的经济药方，最终导致了国民经济出现衰退，产业结构不断失衡，对经济社会发展造成了较大的负面影响。第三，突破对西方产业结构理论的教条式认知。科学的本质在于批判，任何一个国家的产业结构都具有一定的独特性，因而并不存在普遍意义上的产业结构理论。在计划经济体制时期，我国照搬苏联模式从而形成了畸形的产业结构，对整个国民经济的发展造成了严重的损害。因此，经过内生化而形成的中国式现代化制度可以有效地避免这种教条性倾向，从而坚持独立自主的产业结构现代化道路。

## 二、我国产业结构现代化的发展历程

自近代以来，我国就开始了产业结构现代化过程。但真正意义上向现代意义的产业结构现代化方向发展还是在改革开放以后。1984年，我国政府第一次提出要大力发展第三产业，从而标志着现代化产业结构的发展趋势开始形成。根据产业结构高级化的演进规律，可以将中国产业结构的现代化过程大致分为三个历史阶段，其中第一个阶段可以被称为前三十年的产业结构现代化过程，其中可以分为四个小阶段。第二个阶段是改革开放以后到党的十八大。第三个阶段是从党的十八大之后至今，分为后四十年的产业结构现代化过程，这一阶段可以分为三个时期。其中，第一个时期的发展重点是以重工业为主，发展的目的是为了尽快为国家制度的稳定运行奠定物质基础；而第二时期的发展则呈现出了不同的特点，产业结构的表现上具有综合性，发展的目的更加突出现代化的内涵。然而，在这一时期，我国主要以粗放型的产业发展模式为主；在第三阶段时期，我国的产业结构现代化开始向高质量方向演进，开始向更加具有现代化特征产业结构方向发展。

### （一）第一阶段的产业结构现代化（1949—1978年）

在新中国成立之前，我国产业结构中第一产业占主体地位，属于典型的前工业化国家。典型前工业化国家的特征表现为四个方面：第一，农业经济发展迟缓。一方面，多年的战争动摇了农业发展的根基，苛重的地租、田赋、捐税，名目繁多的摊派，以及地主对农民的剥削，极大地削弱了农业发展的基础。另一方面，农村劳动力锐减。长期以来，国民党为解决兵员问题，在国统区广征兵员，致使农村青壮年大幅下降。另外，战争使得农业产量大幅下降。第二，工业基础薄弱。如表16所示，第二次世界大战期间中日两国工业基础差距巨大。除煤，棉纱等初级产品外，其他产品工业生产能力差距极为悬殊。1949年工农结构中工业仅占30%，而工业内部现代工业仅占16%左右，轻工业则达到73%以上，1949年，全国铁路干支线共计仅有26857公里，其中东北11066公里。第三，产业结构失衡。1949年以前，中国工业产值中轻工业占70%以上，而重工业不足30%，到1953年，轻工业比重下降到62.7%，而重工业比重则上升到37.3%；就服务业来看，新中国成立初期的服务业主要集中在批发零售贸易餐饮业和交通运输仓储邮电通信两大方面，平均占服务业的比重为50%~60%。第四，民族工业发展落后。在国民政府统治时期，民族工业高度集中在大官僚和大地主手中，造成国家产业发展的极端化问题严重。

表16　第二次世界大战期间中日两国工业生产能力对比
Table.16 Comparison of industrial production capacity between China and Japan during World War ii

| | 中国 | 日本 |
|---|---|---|
| 生铁 | 67.2 万吨 | 202.0 万吨 |
| 钢铁 | 41.4 万吨 | 424.9 万吨 |
| 水泥 | 124.3 万吨 | 487.6 万吨 |
| 煤 | 3391.8 万吨 | 4180.3 万吨 |
| 电力 | 30.75 亿千瓦 | 273.15 亿千瓦 |
| 棉纱 | 50.6 万吨 | 67.3 万吨 |

资料来源：罗荣渠《现代化新论——世界与中国的现代化进程》，商务印书馆，2004，第343页。

就是在如此艰难的处境里，我国开始了社会主义恢复建设时期，也被称为三年国民经济恢复时期。三年国民经济恢复时期是在取得了抗美援朝的胜利，实施了"一化三改"，确立了国家资本主义和公有制为基础的社会主义计划经济体制，奠定了中国现代工业的基础，加速了中国现代产业的起步和发展。在这三年时间里，应当明确的是社会主义发展的社会性质，这一性质与新中国成立前的产业发展路径是完全不同的。首先，在这一时期决定了我国产业发展的目标是实现绝大多数人的利益，是为发展社会主义奠定物质基础。其次，社会主义的提法决定了我国具有赶超型国家的特点，也就是发展战略上必然不能走西方国家的工业化道路。结合这两点，恢复时期的产业结构发展主要体现在交通运输业、工业、农业和商业的恢复和发展上。第一，交通运输是新中国成立初期支援解放战争的全面胜利和恢复国民经济、稳定全国物价、支援抗美援朝的动脉，也是新中国成立初期恢复和建设较快的产业领域。

### 表 17　新中国成立初期我国交通业发展概况

Table.17 The development of China's transportation industry in the early years after the founding of new China

| 项目 | 单位 | 1949 年 | 1952 年 | 项目 | 单位 | 1949 年 | 1952 年 |
|---|---|---|---|---|---|---|---|
| 货物运输量 | 亿吨 / 公里 | 255 | 762 | 客运量 | 亿人 / 公里 | 155 | 248 |
| 铁路 | 亿吨 / 公里 | 184 | 601 | 铁路 | 亿人 / 公里 | 130 | 200 |
| 公路 | 亿吨 / 公里 | 8 | 14 | 公路 | 亿人 / 公里 | 7 | 22 |
| 水运 | 亿吨 / 公里 | 63 | 145 | 水运 | 亿人 / 公里 | 12 | 24 |
| — | — | — | — | 邮电业务量 | 亿元 | 2.58 | 4.36 |

资料来源：根据《中华人民共和国三年来的伟大成就》有关数据整理。

### 表 18　新中国成立初期我国农业发展概况

Table.18　China's agricultural development in the early years after the founding of the general situation

| 产品 | 单位 | 新中国成立前最高年份产量 | | 以新中国成立前最高年份为 100 | |
|---|---|---|---|---|---|
| | | 年份 | 产量 | 1949 年 | 1952 年 |
| 粮食 | 亿吨 | 1936 | 1.51 | 75.5 | 109.3 |
| 棉花 | 万担 | 1936 | 1698 | 52.4 | 153.6 |
| 油料 | 万吨 | 1933 | 606 | 38.8 | 60.3 |

资料来源：王天伟：《中国产业发展史纲》社会科学文献出版社 2012 年版第 276 页。

如表所示，从 1949 年到 1952 年间，我国铁路从 2.2 万公里增长到 1952 年的 2.28 万公里，公路里程从 8 万公里增长到 12.7 万公里，主要航运里程从 1.2 万公里。[①] 第二，工业的恢复和发展。与 1949 年相比，三年的经济建设使得我国主要工业品的产品产量达到历史新高，其中钢材、有色金属、机床、锻压设备、木材、水泥等工业品均得到较大发展。第三，针对农业基础脆弱的问题，中央政府通过大幅度提高农副产品收购价格，逐步稳定和减轻农业水，增加财政对农业资金投入，增加对农业生产贷款，推动农业技术改良等方式使得农业生产得到快速回复和发展。第四，商业的恢复和发展。一方面，市场秩序得到进一步稳定，恶性通货膨胀得到抑制。另一方面，国营合作商业发展迅速，占商品零售额的比重由 1950 年的 15% 上升到 43%，占商品批发的比重由 23.8% 上升到 63.2%。

### 表 19　社会主义建设初级阶段产业发展概况
Table.19　Overview of industrial development in the primary stage of socialist construction

| | 钢材 | | 有色金属 | | 机床 | | 锻压设备 | | 木材 | | 水泥 |
|---|---|---|---|---|---|---|---|---|---|---|---|
| | 数量（万吨） | % | 数量（万吨） | % | 数量（台） | % | 数量（台） | % | 数量（万立方米） | % | 数量（万吨） |
| 分配总量 | 1191 | 100 | 56.7 | 100 | 75359 | 100 | 7474 | 100 | 7506 | 100 | 1963 |
| 中央各工业部门 | 465 | 39 | 29.4 | 51.8 | 52342 | 69.5 | 5260 | 70.4 | 2133 | 28.4 | 583 |
| 其中:重工业部门 | 451 | 37.9 | 29 | 51.1 | 1292 | 68.1 | 5103 | 68.3 | 1824 | 24.3 | 535 |
| 轻工业部门 | 14 | 1.1 | 0.4 | 0.7 | 1050 | 1.4 | 157 | 2.1 | 309 | 4.1 | 48 |
| 中央运输和有点部门 | 222 | 18.6 | 0.8 | 1.3 | 1571 | 2.1 | 237 | 3.2 | 913 | 12.2 | 231 |
| 供应出口 | 32 | 2.7 | 1.9 | 3.4 | 81 | 0.1 | 91 | 1.2 | 36 | 0.5 | 205 |
| 供应市场 | 166 | 13.9 | 2.2 | 4 | 6060 | 8 | 216 | 2.9 | 2155 | 28.7 | 212 |
| 其他 | 306 | 25.8 | 22.4 | 39.5 | 15305 | 20.3 | 1670 | 22.3 | 2269 | 30.2 | 732 |

资料来源：武力：新中国产业结构演变研究（1949—2016 年）湖南人民出版社，2012，第 57 页。

---

[①] 王天伟：《中国产业发展史纲》，社会科学文献出版社，2012 年，第 276 页。

　　1952 年，国营工业产值由 1949 年的 36.8 亿元增加到 142.6 亿元，增长 2.9 倍；占工业总产值的比重由 26.2% 上升到 41.5%。国营商业中批发业占全国比重由 1950 年的 23.3% 上升到 1952 年的 60.3%，占据主要地位；零售商业比重由 8.3% 上升到 19.1%。① 金融领域，在接收国民党政府、官僚金融、保险机构和解放区金融机构的基础上，重组了中国人民银行、中国银行、交通银行、中国人民保险公司和中国保险公司。到 1952 年，全国金融系统全部实现国有化。1953 年之前，中共的工业主要由轻纺工业和采矿、冶炼等资源性基础产业构成，轻纺工业的门类多集中在粮油加工、制盐、制皂、火柴、灯泡、棉纺、麻纺、毛纺、织布等行业；重工业有原煤、原油、炼铁、炼钢、造船和部门碱、酸等制品。

　　中国建设现代工业基础，就是把优先发展重工业作为一项主要的发展战略，建设的重点是依靠苏联用成套设备和技术引进的方式，建设重大工业项目和援助项目。一五时期在苏联援助的"156"项目下，我国建立起以重工业为主的新工业部门，如飞机、汽车、重型机械、机床设备、精密仪器、发电

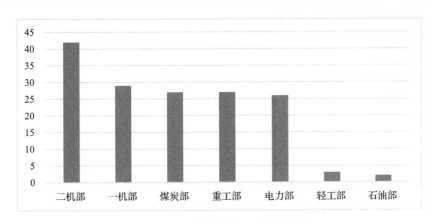

**图 29　"一五时期"的"156"项目分布**

Fig.29　Distribution of 156 items in the first five years

资料来源：根据中华人民共和国国家经济贸易委员会：《中国工业五十年 1953—1957（下卷）》，中国经济出版社 2000 年版第 1329 页整理。

---

① 王天伟：《中国产业发展史纲》，社会科学文献出版社，2012，第 189 页。

设备、冶金设备和矿山设备、高级合金钢、重要有色金属冶炼，构成了新中国工业体系的初步框架。1953 年 5 月 15 日，中苏两国在莫斯科签订援助协定，约定苏联将在 1959 年前帮助中国新建和改进 141 个建设项目，加上 1954 年苏联政府援建的 15 家工业企业，苏联一共对中国援助了 156 个项目，也被称为 156 计划。156 个项目主要集中在以重工业为主的部门中，具体被安排在了当时的一机部、二机部、煤炭部、重工部等，而轻工业的发展相对较少。1952 年，我国国民经济构成中第一产业增加值约为 342.9 亿元，约占国内生产总值比重的 50.5%；第二产业增加值约为 141.8 亿元，占国内生产总值的比重约为 20.9%，其中工业增加值 119.8 亿元，占国内生产总值比重仅为 17.6%；第三产业增加值 194.3 亿元，占 28.6%。总体而言，在新中国成立初期的产业结构基本呈现而较为完整的一、二三产业结构模式。而到了 1956 年，我国工业生产总产值达到了 642 亿元，占国民生产总值的 51.3%，相比较于 1952 年，增长了 84%。全国基本实现了对农业、手工业和资本主义工商业的社会主义改造。随后，按照毛泽东的产业发展思想，我国开始了积极平衡的发展战略。然而，由于对苏联模式的过于推崇，这一时期的产业实践仅仅是引进苏联的技术和设备，并没有吸收其发展的精髓。1958 年，中共八大二次会议上正式提出了"大跃进"。从此，以粮为纲、以钢为纲的"大跃进"运动开始了。

1960 年，中共中央在北戴河会议上提出了新的调整、巩固、充实、提高八字方针。新八字方针的提出对产业结构的调整发挥了重要作用。第一，提高农业在国民经济计划中的地位。党中央首次提出要把农业生产放在首位，按照"农、轻、重"的顺序发展国民经济。第二，调整了过高的经济指标。第三，压缩基本建设项目，缩短建设战线。第四，对部分工业企业关停并转。第五，精简职工人数，压缩城市人口规模。第六，对各行各业进行体制调整，加强行业发展的制度建设。从 1963 年开始，各产业开始恢复增长，其中，第一产业增长 11.3%，第二产业增长 14.5%，第三产业增长 4.4%。1965 年，国民经济增长已经超过 1958 年的水平。第一产业增长 2.9%，第二产业增长 22.7%，其中工业增长 29.7%，第三产业增长 14%。同时，产品质量得到了大幅度提升，工业产品品种得到增加。

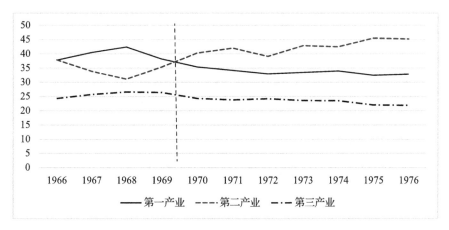

**图 30　1966—1976 年三次产业结构**

Fig.30　industrial structures during the cultural revolution

1966 年至 1976 年，我国的产业结构进一步扭曲。在"赶超"和"备战"思想的推动下，我国农业站 GDP 的比重由 1966 年的 37.8% 降为 1976 年的 32.9%；第二产业则由 1966 年的 37.9% 上升到 1976 年的 45.2%；第三产业不仅没有提高，反而从 1966 年的 37.9% 上升到 1976 年的 21.9%。从轻、重工业比重来看，轻工业占工业比重从 1966 年的 47.7% 下降到 1976 年的 43.7%，重工业比重从 1966 年的 52.3% 上升到 56.3%。[①]20 世纪 70 年代初，我国提出"四个现代化"——农业、工业、国防和科学技术的现代化我国的人口城镇化与产业结构的现代化发展具有一致性。

总而言之，在我国产业结构现代化的第一个阶段。我国产业结构现代化的根本任务是为巩固国家政权奠定物质基础，因此，基于国家安全和高超的现实需要，在这一阶段形成了以政府为主导的中国式现代化制度。在这一制度下，我国充分发挥了社会主义的优越性，在短短的十几年里，就完成了从

---

① 武力：《新中国产业结构演变研究》，湖南人民出版社，2012 年，第 167 页。

一个农业经济大国向一个工业经济大国的初步转变。然而，也应该注意到，在政府全面干预的条件下，我国的产业结构也走向了全面僵化和畸形发展的道路，但是这一道路的选择是我国在继承旧有制度上的必然结果。

### （二）第二阶段的产业结构现代化（1978—2013 年）

新中国成立之后的三十年是我国产业经济的初步探索时期，在这一阶段，我国参照苏联形成了完整的计划经济体制。尽管前三十年的经济体制存在一定的弊端，但在这种经济体制下所形成的产业结构为后四十年的发展奠定了一定的工业基础。可以说，后四十年的产业结构现代化所做的努力是在前三十年的基础上实现的，若没有前三十年的积累，就没有现在的成绩。十一届三中全会以后，我国的产业结构现代化进入了一个历史性的新阶段。在新的历史发展阶段中，一方面，中国的产业发展的制度环境开始逐步由计划经济模式向社会主义市场经济模式转换。另一方面，产业结构的调整思路越来越实事求是，中央上层开始推进从原先的优先发展重工业向农、轻重产业均衡发展，在产业布局上则从原有的均衡发展转向了非均衡发展。

在"粉碎"四人帮之后，我国整体经济社会发展面貌为之一新。在经济上，全国上下开始认识到如何正确处理生产力与生产关系二者之间的关系。在思想上，随着科学技术大会的召开，全国开始反思"文化大革命"对科学精神造成的破坏。在政治上，结束了以阶级斗争为纲，转向了以经济建设为中心。在产业的调整上，中央开始认识到产业结构内在的规律性，并在科学认识的基础上，尝试探索从制度上促进产业结构的调整。

产业结构现代化的历史性抉择。第一，进一步巩固基础产业。1977 年，党中央指出确保农业和工业的生产，提出要使农业和工业每年的增长速度达到 4%~5% 和 10%。第二，党中央开始注意产业间协调的问题。强调了农业、消费品工业的生产。同时，中国政府开始运用有形之手进行产业结构调整，缓和了国民经济紧张，促进了产业结构的平衡。

产业结构调整开始趋于平衡与协调。第一，从 1979 年开始，政府就开始对轻工业加大投资力度。1978 年工业总投资中轻工业占比仅为 9.3%，1980 年已经上升为 14.9%。经过中央有意识的调整产业发展战略，1979 年到 1982 年，这短短三年之内，我国的轻工业年均增长率开始超过重工业年均增长率[①] 同时，政府加大了对工业企业类型结构的调整，主要是把轻工业的企业数量扩大。1981 年，重工业系统划入轻工业系统的企业有 219 个。第二，通过制度创新激发农业生产积极性。一是国家加大对农业的补贴，二是降低农业税费，三是通过进行有意识的制度变迁。事实证明，新的制度激励对农业的发展发挥了重要作用。据统计，首先进行农业生产制度变革的小岗村 1979 年生产粮食 132370 斤，相当于 1966 年至 1970 年 5 年的总和；油料总产量 35200 斤，超过前 20 年的总产。[②]1981 年，中共中央关于明确包产到户、包干到户是集体经济的一个经营类型。在该制度的激励下，到 1983 年年底，全国共有 98% 以上的农户实行了各种形式的承包责任制，其中实行包干到户的农户达到 94.5%[③]。第三，在思想上纠正了对服务业的认识误区之后，我国的第三产业开始逐步发展起来，旅游、餐饮等劳动密集型的服务业形态开始蓬勃发展起来。

在这一阶段，国有经济仍是政府投资最多的经济主体，国有经济固定资产投资的产业构成可以真实反映政府产业政策的取向。1980 年以后，第二产业得到的基本建设投资占基本建设总投资的比重分别是 46.3%、61.7%、57.3%、57.1%、54.4%；第三产业的该比重分别是 51.1%、24.9%、39%、38.9%、41.7%。可见，第二、第三产业在国有经济投资中所占的比例与 20 世纪 70 年代基本保持一致。从 20 世纪 90 年代开始，国家开始将逐步降低第二产业的投资比重，而是将投资的重点放到第三产业上。从 1990 年到 2000 年这十年间，国有经济在第二产业的固定资产投资额由 59.1% 降为 29.2%，而

① 华国锋：《五届人大一次会议政府工作报告》，中华人民共和国国家经济贸易委员会编：《中国工业五十年》（第六部），中国经济出版社，2000，第 2106~2107 页。

② 武力：《新中国产业结构演变研究》，湖南人民出版社，2012，第 115 页。

③ 武力：《1949—2006 年城乡关系演变的历史分析》，《中国经济史研究》2007 年第 1 期。

第三产业的固定资产投资额占其固定资产投资总额的比重由 39.7% 上升到 2000 年的 69%。到 2002 年，第二产业在国有经济中的固定资产投资中的比重已经降到 26.2%，而第三产业的比重则达到了 71.2%。在产业结构内部来看，投资结构的调整也较大。为了推动轻工业的发展，政府提出要在强化原材料和能源供应、加大银行贷款、加强基础设施建设、利用外汇和引用计数、畅通交通运输等方面优先保证轻工业的发展。总之，政府投资开始降低对重工业的投资比重，而向轻工业倾斜。九五期间，国有经济采掘业投资下降了近 10 个百分点，由 16.25% 降低至 6.2%，制造业下降了近 20%，由 31.8% 降低至 12.9%。固定资产投资中保持上升的是电力、煤气、水的生产和供应业。其中，在第三产业内部，固定资产投资增长最高的是交通运输、仓储及邮电通信业等基础产业部门。这些部门的高投资为相关产业的发展又一次奠定了基础。从 1981 年到 1985 年，国有经济在这些行业中固定资产投资总额的比重仅为 12.4%，而 1996 年到 2000 年，交通运输等基础产业部门已经上升到了 28.1%。

2001 年，我国正式加入 WTO，标志着我国产业结构现代化进入了一个新的历史时期。一方面，我国的产业开始真正融入全球产业分工体系之中。在全球产业分工的格局下，作为发展中国家所具有的劳动力禀赋优势得以最大程度的发挥。据统计，从 2001 年到 2008 年，我国工业制成品从期初的 2397.6 亿美元增长至期末的 13506.98 亿美元，年均增长率达到 30.07%。[①] 另一方面，我国的制度体系开始了内部改革与外部开放齐头并进推进的新时期。对内而言，就是鼓励本国企业积极参与国际竞争，提高本国企业和产业的国际竞争力。对外而言，就是要积极遵循 WTO 项下的贸易规则，积极推进构建多边贸易体制。总的来说，加入 WTO 以后，我国的产业结构现代化开始融入越来越多的国际性元素，相关产业在应对国际市场风险和挑战等方面的能力在逐步增强。

---

① 刘尧飞：《改革开放四十年我国对外贸易的发展》，《江淮论坛》2018 年第 11 期。

## （三）第三阶段的产业结构现代化（2013 年—）

2013 年，我国服务业增加值比重超过第二产业，服务业主导型经济初步形成，从产业角度看拉动经济增长的动力由工业向服务业转换。据第三次经济普查显示，2013 年我国三次产业现价增加值分别为 9.4%、43.7% 和 46.9%，服务业首次超过第二产业 3.2%，成为国民经济第一大产业。2014 年以来，以服务业为代表的第三产业成长迅速，第三产业增加值同比增长 8.1%，比第二产业高 0.8%。服务业比重不断上升并逐步成为第一大产业，符合产业成长的一般规律和世界各国的发展经验。从拉美国家经济增长的实践上看，在中等收入水平到高收入水平的发展阶段，产业结构的现代化转型的具有重要的现实意义。一般来说，经济结构开始由工业主导向服务业主导转向。同时，在第二产业内部，新产品、新业态、新产品不断涌现，技术密集型、资源消耗少、成长潜力大的高新技术产业和装备制造业增长快速，仅 2011 年到 2013 年，高新技术产业增加值年均增长 13.5%，装备制造业增长 12%，分别比规模以上工业增加值增速快 2.3% 和 0.8%。2014 年，高新技术产业增加值同比增长 12.3%，装备制造业增长 10.5%，比规模以上工业增加值增速快 3% 和 2.2%。云计算、物联网、移动互联网、电子商务、数字家庭、互联网金融等新型业态不断涌现，新的生产关系不断出现。2013 年，我国电子商务交易额突破 10 万亿元，网上零售额超过 1.85 万亿元。同年，我国规模以上工业企业中，计算机、通信和其他电子设备制造，汽车制造业，电气机械和器材制造业的销售收入占主营业务收入的 26.6%。值得注意的是，十二五时期，我国战略性新兴产业发展迅速。就产业发展的具体内容来看，节能环保产业、新一代信息技术产业、生物医药产业、能源新技术产业等产业发展快速。制造业智能化关键核心装备。

综上所述，改革开放四十年来的产业结构转换是在政府有为作用和市场积极功能双重作用下实现的。总的来说，具有中国特色的市场经济体制开始逐步形成，市场在资源配置中的作用和功能越来越显著。同时，政府在指导经济发展中的方式和地位越来越转向成熟。因此，我国的产业结构转化归根到底是在市场和政府两种制度下实现的。

## 三、我国产业结构现代化实践中的制度创新

从 1978 年到 2015 年，我国产业结构发生了深刻的变化。第一，第一产业在整个产业结构中的比重逐渐降低。具体表现为农业部门的就业份额和产值份额大幅度萎缩；第二，第二产业比重逐渐降低。具体来看是重工业部门在整体产业结构中的占比逐渐降低，而轻工业部门的占比逐渐增大。其表现为就业份额不断扩张而产值份额变化幅度不大；第三，第三产业，尤其是服务业发展迅速，其就业和产值份额大幅度扩张，其扩张幅度快于工业部门。我国的产业结构变迁充分发挥了各种生产要素的作用，是在最大化发挥比较优势的基础上实现的。但是，这一比较优势发挥的前提是我国在制度上实现了渐进性的变革，在产业结构的现代化过程中，劳动、资本、技术等要素发挥了重要的作用，但仍不足以完全解释我国产业结构转变的事实，而制度性因素作为内生在经济系统中的决定性原因，在我国的产业结构现代化过程中发挥着至关重要的作用。

### （一）第一阶段的制度创新

新中国成立以后的产业结构现代化是建立在清政府和国民政府产业发展基础之上的，同时在某些制度领域也受到了上述两个时期的影响。然而，在新的制度框架下，产业结构现代化也出现了新的内容。

在这一阶段，中国式现代化的制度创新体现在将广大的工人、农民、商人、学生、士兵团结起来，形成了全国一盘棋的经济体制。第一阶段的产业结构基本上以第一、第二产业为主，第三产业发展较少，因此第三产业不作

为本节分析的重点。具体来看产业，在第一产业结构中，制度创新表现为由合作社到农村经济合作组织再到人民公社三个发展阶段。总体而言，第一产业中的制度总体聚合层次极高，因而这是通过行政性的指令直接领导全国上下为发展农业生产而进步。从产业结构的主体来看，工人、农民具有极高的社会地位，农村中集合了生产、生活和管理的基本职能。在第二产业中，企业则是从属与政府，在具体的权力分配上，党、政府和企业三者之间的关系是企业具有最低的权力，而党具有最高的权力。在这一阶段，企业不以营利为目的，其生产完全是依照行政计划指标来进行。在就业制度上，党和政府对劳动力的流动具有极高的指导性，劳动力的流动受到了极大的限制。在商品流通的制度上，政府对农产品实行统购统销，政策上施行以农业补助工业进而满足国家重点项目的建设，并通过工农业剪刀差完成了资本积累。在金融制度上，货币仅仅是作为商品流通的价格符号，真正对资源进行配置的是政府的指令。因此，在这一阶段，金融制度也是失效的。但是，应该看到，我国的产业结构在第一阶段的存在的制度刚性是经济社会内外部环境的必然选择

总体而言，在第一阶段的制度创新过程中，政府仍处于核心地位的，而市场、企业和社会的主体性并没有完全被释放出来，同时还受到了一定程度的禁锢。

### （二）第二阶段的制度创新

在第二阶段，中国式现代化制度创新首先是从意识形态上进行突破的，1977 年，光明日报刊登了《实践是检验真理的唯一标准》一文，指出实践是经济发展的基础。由此，掀起了全国上下的意识形态上的解放。对于产业结构的调整来说，农业农村首先出现变革。1978 年，安徽小岗村率先进行农业经营体制改革，进行家庭联产承包责任制。小岗村的制度创新获得了中央的支持。由此，形成了新的中国式现代化的制度框架，在这一框架中，经济微

观单元的主体地位开始被承认，其地位和功能越来越得到肯定。随着第一产业的推进，第二、第三产业中的制度创新也开始出现。制度创新的最突出特点主要体现在产权配置的下移。在制度安排上，制度的产权安排逐渐细化。基本经济制度开始被突破，非公有制度经济中的产权主体开始形成。1978年，我国首次出现了以个体所有制为形式的三资企业。在收入分配制度上，恢复和实施按劳分配制度，取消了过去平均分配的制度安排。同时，政府对经济资源的配置方式也发生了制度创新。一方面，从中央政府层面看，一是宏观经济体系的构建。二是宏观调控的手段不断丰富。三是宏观调控政策体系的不断丰富和完善，财政税收、货币金融、投资贸易等政策体系逐步形成。另一方面，从地方政府层面看，改革开放以后地方政府拥有了进行制度创新的激励，因此提高了整体的制度创新的质量。具体来看，第二阶段的制度创新主要包括以下几个方面：

第一，要素制度的优化。按照新古典经济学的分析范式，生产要素包括土地、资本、技术、劳动等。在我国的产业结构现代化过程中，要素制度的优化起到了关键性的作用。从国家的宏观调控上看，40年来我国政府改引导而不是主导要素流向。1989年，《国务院关于当前产业政策要点的决定》提出了产业结构调整的思路，其基本方向就是要通过多种方式发展基础性产业。

第二，劳动力就业制度的改革。产业结构和它的发展来源于劳动结构及其发展。改革开放以后，我国在制度上改变了过去的计划就业制度，而转向了多种就业模式并存的制度。一是劳动力就业制度目标的多元化。在计划经济时期，我国的劳动力就业制度的性质基本是政府性指令的一个单元。完成行政性指标。而在社会主义市场经济条件下，就业制度和政策的主要目标是提高企业的运行效率，不断解放劳动生产力，提高劳动力的配置效率。二是鼓励和扶持城镇个体经济的发展。三是某些行业或公众可以根据实际情况改革用工制度和工资制度。四是改革中等教育制度，发展职业教育。五是建立劳务服务公司。六是解决安置就业经费。1981 年，国务院进一步办法了《关于广开门路，搞活经济，解决城镇就业问题的若干决定》，对促进就业问题进一步进行了政策优化。总体而言，"三结合"方针取得了良好的效果。

第三，投资体制的转向。一是投资方向的变革。1979 年 8 月，原国家计委、国家建委和财政部共同提出《关于基本建设投资实行贷款办法的报告》以及《基本建设贷款实行条例》，《报告》和《条例》的出台标志着我国产业投资的体制开始了由财政拨款向银行贷款的转向。1984 年 12 月，原国家计委、财政部和中国人民银行颁布《关于国家预算内基本建设投资全部由拨款改为贷款的暂行规定》，提出凡是由国家预算安排的基本建设投资全部由财政拨款改为银行贷款。二是投资主体由单一走向多元化。随着改革的深入，国有企业逐步从政府计划命令的执行者转为独立的生产经营主体，建立产权明晰、权责明确、政企分开的现代企业制度已经成为国有企业改革的目标。在第一阶段，我国最突出的制度创新是财政分权。分权最大功能在于弥补了计划经济时期信息不足的缺陷，并能在一定程度上产生制度激励，从而可以促进创新行为的产生。

第四，所有制结构的多元化。所有制是经济制度的核心制度，是产业结构现代化的主导因素。其一，公有制是主体的所有制结构为产业结构的现代化奠定了坚实的制度基础。公有制的主导地位决定了我国制度取向上的社会主义方向，是实现我国现代化发展的政治保障和物质基础的前提。其二，非公有制经济的发展促进了我国整体经济的活力。随着非公经济的壮大，其对产业结构的现代化贡献将会越来越大。一方面，非公有制经济可以进入的产业部门越来越多。2005 年，国务院出台文件，明确支持非公有制资本积极参与城镇供水、供气、供热、公共交通、污水垃圾处理等市政公共事业和基础设施的投资、建设与运营。截至 2018 年年底，我国非公有制经济主体已经达到市场主体总和的 70%。

第五，外贸体制的变革。改革开放以后，我国的对外贸易体制发生了深刻变革。首先，对外贸易体制的变革使在实践的基础上倒逼产生的。1979年到1991年，我国通过开展"三来一补"补偿贸易，以设立深圳、福州、厦门等四个经济特区为起点，开始了外贸体制改革的新探索。1992年到2001年，我国加快了汇率、外贸、外资、金融、计划管理体制的改革，1994年，我国进行外汇管理体制改革，取消了官方牌价和外汇调剂价并存的双重汇率，将人民币官方汇率与外汇调剂市场汇率并轨，取消外汇收支指令性计划和外汇留成制度。2001年，我国正式加入世界贸易组织。我国入世后，根据WTO框架下的非歧视性、公开性、透明度原则，我国逐步取消不符合WTO规定的外贸政策，开始实施更大范围的市场开放，其中主要包括减少各类出口补贴，降低进口税率，消除非关税壁垒，由固定汇率改成有管理的浮动汇率制。

总而言之，在改革开放四十年当中，我国不断探索新型的制度，但不论是哪一种制度创新模式，其形成的制度构建都是聚合于一个核心，就是致力于中华民族的伟大复兴。

# 四、新时代产业结构的中国式现代化制度创新

党的十八大以来，我国进入新时代。习近平新时代中国特色社会主义制度不断完善，中国特色社会主义制度是当代中国发展的根本制度保障，是具有鲜明中国特色、明显制度优势、强大自我完善能力的先进制度。

## （一）新时代中国式现代化制度创新的成就

党的十八大以来，我国的三次产业结构发生了深刻的变化。三次产业结构中第一产业占GDP比重逐年降低，截至2018年，我国农林牧渔业占GDP比重已经下降到了7.2%，第二产业占GDP比重调整到了40.7%，第三产业占GDP比重上升到了52%。从第一产业的内部结构来看，随着农业供给侧结构性改革的深入，我国第一产业的内部结构持续优化，其中，农业种植结构调整取得积极成效。2018年各地积极推进农业供给侧结构性改革，按照"藏

粮于地、藏粮于技"的发展思路，不断优化调整种植结构，低产地块或地下水严重超采地区逐渐退出耗水量大的小麦生产，休耕轮作面积不断增加。受非洲猪瘟疫情影响，全国牛羊禽肉产量增加，牛奶和禽蛋产量也稳定增长，2018 年全国牛出栏 4397 万头，比 2017 年增加 57 万头，增长 1.3%；牛肉产量 644 万吨，增加 9 万吨，增长 1.5%。从第二产业内部结构来看，受供给侧结构性改革的影响，我国第二产能在去产能、去库存效果明显，工业整体生产出现了先下降后轻微上升的趋势。具体来看，第二产业内部的调整主要是新兴战略产业对整体第二产业的调整幅度较大，2018 年，战略性新兴产业增长 8.9%。从第三产业内部结构来看，在产业结构整体调整的环境下，我国第三产业内部结构进一步得到了优化。其中，新兴的服务业对第三产业的增长起到了重要的拉动作用。以 2018 年为例，在互联网＋的推动下，我国的信息传输、软件和信息技术服务业，租赁服务增长迅速。可见，党的十八大以后，我国三次产业的结构发生了深刻的变化，同时，也应该注意到，党的十八大以后也是我国在整体的制度创新最频繁的时期。

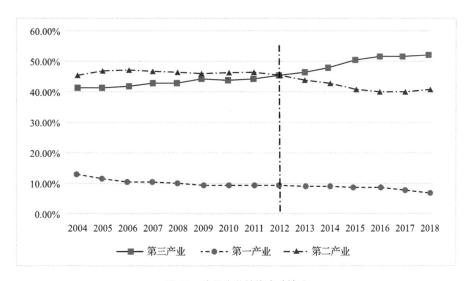

图 31　我国产业结构变动情况

Fig.31　Changes in China's industrial structure

资料来源：世界银行数据库，https://data.worldbank.org.cn/country/china?view=chart

### （二）新时代中国式现代化制度创新的内容

产业结构变化时新时代经济结构性深刻变革的重要内容，在产业结构的变革下，是我国制度创新的推动。通过不同层次、不同组合的制度创新，使得我国的整体制度的功能得到了最大的发挥。

第一，供给侧结构性改革成效显著。在过去，我国对宏观经济的调整主要集中在需求侧上，实践证明，建立在凯恩斯经济学基础之上的政府干预主义的需求侧并不能实现整体经济的健康增长。党的十八大以后，我国开始进行供给侧结构性改革。有的学者认为，此时的供给侧结构性改革与美国 20 世纪 80 年代的里根经济学如出一辙。然而，持这种观点的人忽视了我国所面临的内外部环境，因此是不足取的。作为供给侧结构性改革的重要内容，产业结构的优化具有重要意义。（1）有利于提高全要素生产率。供给侧结构性的改革，就是要充分发挥劳动、资本、技术在资源配置中的作用，进而实现生产率的整体提升。（2）有利于转变经济发展方式。改革开放以后，我国多年来以粗放型的发展方式保持了较高的经济增长速度，然而，随着我国生产要素逐步达到角点，生产力进一步的提升必须依靠新的经济发展方式。（3）有利于提升产业综合竞争能力。经过近 40 年的发展，我国已经奠定了世界制造中心的地位。然而，制造大国并不意味着制造强国，为了实现向制造强国的迈进，供给侧结构性改革具有一定的必然性。（4）有利于缓解收入差距。通过产业结构的供给侧结构性改革，有利于将贫困人口重新纳入生产端，从而可以提升其生存能力，提高收入水平。我国的供给侧结构性改革是中国式现代化制度创新的结果。习近平总书记曾说过，党的十八大以后的历史性成就是全方位的、开创性的、深层次的以及根本性的，其中的制度性因素发挥了极其重要的作用。首先，供给侧结构性改革是以新发展理念为指导的，因此在制度意识上具有科学的依据。同时，供给侧结构性改革还是中国化的马克思主义在当今中国的具体实践，可以说是在实践基础上的理论创新推动的制度创新。其次，供给侧结构性改革是以实现全体人民的共同利益为最终目的。

与西方发达国家以实现特定人群的利益最大化相比，我国的供给侧结构性改革具有广泛的社会主体基础。再次，供给侧结构性改革的深入推进是新时期党的建设不断完善的结果。作为世界上最大的工人阶级政党，我们的党在整个的供给侧结构性改革中发挥了重要的制度激励作用。

第二，政府与市场的关系更加明晰。党的十八大以后，我国在市场化进程上迈出了关键性的一步，政府和市场的关系得到了前所未有的清晰化。政府和市场的关系的厘清就是建成了有中国特色的社会主义市场经济。首先，市场在资源配置中发挥决定性的作用第一次在正式制度中得到了确认，这意味着我国正式以致力于发展市场经济为归宿。其次，确定了政府在社会主义市场经济中的位置，就是要建立有为的政府体制。在现代进程中，有为的政府体制就是在生态、环境、贫困等现代化问题上对市场经济中发生的错位进行纠正。最后，在产业发展上，政府和市场的关系的明晰就是要以提升我国产业结构的整体素质为最终契合点。市场要在产业结构调整中发挥看不见的手的作用，而政府则要尽力去成为守夜人的角色。

第三，基本经济制度更加趋于完善。党的十八大以来，我国的基本经济制度进一步完善。具体来看，一是混合经济已经成为我国经济发展的重要支撑力量。一方面，混合经济有利于发挥国有经济在关系国计民生、国家安全等方面的战略性功能；另一方面，有利于发挥民间资本在改善居民生活、投资方式灵活等方面的优势。二是农业农村经济体制不断完善。在十九大报告中，党中央做出了乡村振兴战略的布局，提出要从六个方面实现农业农村的全面发展。同时，农村的基本土地经营制度也发生了重要的改变，"三权分置"的提出将进一步实现农民财产性收入的进一步提升，而土地承包权再延长三十年也为稳定农民的收入预期发挥了重要作用。

第四，意识形态对经济的作用明显。在我国，意识形态并不是独立于国家经济发展中的，而是内嵌入国家整体的发展当中的。我国的意识形态由三方面构成，一是中国的传统文化。曾几何时，我国急于向西方发达国家学习，完全抛弃了我国优秀的传统文化。但在新时代，坚持文化自信首次作为四个自信中的重要组成部分被提了出来，并指出中华优秀传统文化是中华文明的重要组成部分。二是马克思主义科学思想。马克思主义是世界观和方法论，从革命战争时期到改革开放，再到新时代，马克思主义对于我国该走什么样的道路，实现什么样的社会主义发挥了重要作用。三是世界各国的优秀文化。作为一个开放的国家，我国在发展中也积极向世界其他国家学习其优秀文化。在产业发展上，以上三个方面具有三方面的作用。一是传统文化锤炼了我国优秀的国民性格，正是勤劳奋斗、艰苦奋斗的国民性格促进了我国向现代化国家的迈进。二是马克思主义科学理论为我国的发展指明了方向。我国的发展不是西方式的发展，而是致力于实现全体人民共同利益的发展，对此，马克思主义在理论上不断推动着实践的发展。三是外来文化促使我们以更加开放的姿态面对外来的事物，既不排斥又不盲从，让我国在新时代在全方位的改革中更加从容和自然。

### （三）新时代中国式现代化制度创新的特征

第一，内生型的主动变革。新时代的中国式现代化制度创新最突出的特征就是内生型的主动寻求变革，一般而言，制度的变迁包括诱导性和强制性两种。党的十八大以后，在习近平总书记的领导下，我国开始逐步走向一种内生型的主动性制度变迁道路。在主动性制度变迁过程中，主要是充分使马克思主义科学理论与中国具体实践的相结合。在产业结构的现代化过程中，就是以解决现代化过程中的问题为重点。如习近平总书记在党的十八大以后提出了精准扶贫的战略思想，乡村振兴的战略思想、新型工业化道路思想等等。

第二，全方位部门的创新。新时代的中国式现代化制度创新是全方位的创新，在十九大报告中，制度创新包括了六位一体的基本内涵，就是在政治、经济、社会、生态、文化以及党的建设等方面的全方位的制度创新。可以说，这六个方面对于产业结构的现代化具有重要意义。一是基本经济制度的创新为我国公有制经济和非公有制经济的发展指明了新的方向，就是发展混合所有制经济。二是政治制度的创新为产业结构的稳定性提供了良好的和谐外部环境，只有这一种和谐的环境中，产业结构才能避免过大的波动性。三是社会制度的创新为提升产业主体的素质起了重要的保障功能。在我国，广大的人民群众是产业经济发展的主体，只有充分保障他们的各项生存、工作和发展权利，才能实现社会主义制度的优越性。四是生态制度的创新。生态制度的创新是我国实现高质量的现代化的前提。在具体的产业实践中，就是通过制度创新鼓励企业使用新技术，淘汰旧产能，研发新产品，最终实现经济发展与生态保护的统一。五是文化上的创新。文化的创新在产业结构现代化过程中起了重要的激励作用。六是党的建设。党的建设是产业结构现代化的重要阵地，是实现现代化的政治保障。总之，六位一体的中国式现代化制度创新是产业结构现代化必要条件。

第三，全主体功能的发挥。习近平总书记指出，我国的发展是以人民为中心的发展。在产业结构的调整过程中，就是要通过制度将经济社会发展中的各个主体统合起来。一是激发企业主体的积极性。在高质量经济发展阶段，尽管我国的整体经济发展速度降了下来，但经济发展的质量得到了显著提升。经济发展质量提升的依靠力量是企业，党的十八大以来，我国以供给侧结构性改革为主线，深入推进了国有企业改革，通过发展混合所有制经济大大激发了不同类型企业的生产积极性。同时，我国创新了经济调节工具，以更有效的产业竞争制度激发了企业的内在创新动力。二是激发了创业个人的积极性。在市场经济决定资源配置的历史关键期，激发大众创业、万众创新的个人奋斗内生动力尤为重要。为了激发市场微观主体个人的创新干事积极性，党和政府不断优化市场营商环境，通过大规模的减税降费，通过构建新型政商关系，重新塑造了市场环境，使得个人干事创业的积极性得到前所未有的提升。三是激发了政府的积极性。我国作为世界上最大的发展中国家，政府的领导能力和领导水平是关乎各个产业发展的关键。为了提升政府职能的有效性，我国通过不断加强党的领导，使得党对政府领导的能力得到不断加强。同时，在市场经济环境下，我国的政府职能正不断由行政干预型向职能服务型转变。四是激发了特殊群体的积极性。在产业结构现代化过程中，作为社会结构主体的人必然要受到足够的重视。同时，在决胜全面建成小康社会的关键之年，激发特定群体的内生动力至关重要。党的十八大以后，我国以"精准扶贫"为重要抓手，制定了新时代的乡村振兴战略，长期制约我国经济社会结构的二元经济模式有望得到解决，通过一系列的制度建设，处于社会结构中个人的积极性得到了激发。

第四，全产业结构的质量提升。从改革开放以后到党的十八大之前，我国以粗放型的产业发展战略取得了世界制造工厂的地位，但在全球产业链条上看，我国仍处于低端。为了实现向中高级产业结构的演进，我国以"三区一降一补"为重点，开始了渐进式的产业结构调整过程，使得我国产业结构的整体质量得到了显著提升。从量上看，党的十八大以后我国三次产业结构转变为三、二一的标准模式，但同时应该注意的是，三次产业的整体质量得到了快速的提升。就第一产业来说，农、林、牧、渔各产业发展水平得到进一步提升，各产业关联水平以及产出能力得到了进一步优化，以机械化为代表的集约型现代化农业得到了显著提升。就第二产业而言，落后产能逐渐被清除。就第三产业而言，服务业成为高质量发展的战略支点。产业结构理论认为，第三产业中的服务业的外溢效益主要是提供大量的工作岗位，但就党的十八大以来我国服务业的发展来看，第三产业的发展除了提供了较多的工作岗位外，而且还使得我国在某些关键性的战略性新兴产业领域占据了世界的前沿位置。可以说，以战略性新兴产业为代表的第三产业将逐渐成为高质量经济发展阶段重要的支撑。

## 五、当前我国产业结构现代化过程中的制度约束

改革开放以来，我国的产业发展水平逐渐提高，已经成为世界制造工厂。尽管 2013 年我国已经实现了三、二、一的产业结构，但数量型的产业结构并不代表已经形成了高质量形态的产业结构形态，尤其在高质量发展阶段，我国在产业结构现代化过程中仍然存在诸多的问题，这些问题的解决与否直接影响着我国今后的现代化战略的实施效果。

第一，行政性直接干预仍较为明显。以行政性干预取代市场选择带来了巨大的负面政策效应和腐败寻租问题，阻碍了产业转型发展与国际竞争能力的提升。[①] 在产业结构的发展过程中，产业结构失衡造成的无效产能过多，产能的综合利用率偏低，存在产能过剩的现象。自 20 世纪 90 年代以来，我国大体上经历了三次产能过剩，第一次产能过剩是 1998 年到 2001 年的周期性产能过剩，第二次是 2003 年到 2006 年过度投资型产能过剩，第三次是 2009 年政府大规模投资以后周期性产能过剩和投资型产能过剩并存。本质上来说，产能过剩问题是我国产业结构不协调的产物。

第二，第三产业发展质量偏低，生产性服务业相对滞后。2013 年以后，我国服务业开始成为主导产业，在产业结构上已经占有重要的地位。然而，我国第三产业总体的发展水平仍然较低。一是三产的就业服务质量不高。一般而言，第三次产业对就业具有重要吸纳作用。然而，由于缺乏一定的制度保障，我国三次产业吸纳的就业趋向于劳动密集型产业人口较多，而具有提升劳动力素质的第三产业业态相对较少。二是生产性服务业发展滞后。作为一种重要的辅助性产业，生产性服务业的发展对于第一产业和第二产业的现代化具有重要意义。因此，必须要大力发展现代化的生产性服务业，提高生产性服务业在第三产业的比重。

第三，产业技术结构不合理，产业发展的结构性失灵。在一些关键性的

---

① 于潇宇，刘小鸽：《新常态下中国产业政策的转型——日本工业化后期产业政策演变的经验启示》，《现代经济探讨》2019 年第 3 期。

产业部门中，如高新技术产业，我国的技术创新能力仍相对较低，技术的获得依存度较高，一些高技术含量的关键设备基本依靠进口。第一，在重大设备的自主研发中，原始创新不足，在核心技术、关键环节和关键领域落后于国际先进水平，机械工业的核心基础元器件和软件系统仍受制于人。第二，产业可持续能力较低。其突出表现就是生产所带来的负外部性明显，尽管我国工业规模已居世界第一位，但我国的污染物排放量也排在世界第一位，以有机水污染排放量和氮氧化物排放量为例，我国的良乡指标比美国、日本、德国分别高 3.2 倍和 1.5 倍，4.76 倍和 17.4 倍，6 倍和 10.7 倍，二氧化碳排放量是美国的 60%，日本的 2.9 倍，德国的 4.1 倍和法国的 9.5 倍。[1]

第四，区域产业结构失衡，不平衡、不充分问题严重。从区域上看，我国产业的区域分布于市场化程度、开放程度、城市化程度以及区域优势程度具有直接关系，全国近 60% 的工业总量集中在东部沿海地区。第一，一、二三产业区域空间分布不均衡。第二，区域产业结构发展质量不均衡。区域产业结构发展不均衡问题的根源在于我国产业布局在历史发展中的制度继承性问题。也就是在说，在计划经济体制下，我国产业布局依靠国家投资计划分配，造成了不合理的产业布局。

第五，产业政策缺乏科学性、系统性。产业政策是引导产业发展，实现产业结构演化的重要工具。作为世界上最大的发展中国家，我国具有实施产业政策的独有优势。其一，意识形态上的高度统一性，这就降低了在产业政策实施过程中的制度性摩擦。其二，政府行动的高效性。由于没有西方多党制政府所面临的协商一致问题，我国政府在产业政策上可以高效率的完成从设计到执行的一系列工作。其三，市场主体的高度活跃性。四十年的改革开放充分释放了我国的生产潜力，尤其是以非公有制经济为代表的民营企业发展迅速，同时，个人的消费能力和消费预期得到了较大提升。然而，由于我国过去计划经济时期造成的制度性路径依赖问题，我国的产业政策仍缺乏一

---

[1] 王天伟：《中国产业发展史》，社会科学文献出版社，2012 年，第 525 页。

定的科学性。从顶层设计来看，具体体现在政策目标缺乏科学定位，政策制定的过程碎片化严重，在政策制定的过程中部门与部门博弈问题突出，同时，政策制定的过程缺乏经济主体的参与，进而导致中央政府的目标与地方政府的目标存在错位的先行。在政策执行来看，我国的产业政策执行过程中的随意性较大，由于政府部门具有强势地位，所以导致了政策的执行容易受长官意志干预。同时，由于政策制定过程中的碎片化问题，也导致了政策执行过程中存在碎片化，表现为多头管理，政策多变以及稳定性不高。

第六，产业结构调整对社会结构造成挤压，形成双向矛盾。在高质量发展阶段，产业结构的高级化促使过去产业中的劳动力密集型产业纷纷向更高级的产业演化。在这一过程中，势必会造成劳动力的技术性失业。对于缺乏必要劳动技能的劳动力而言，新的产业形态将会对其生存和发展造成一定程度的挤压，进而导致社会出现新的失业问题。

# 六、小结

综上所述，新中国成立以来，我国的产业结构经历了由"一、二三向二、一三"，再向"三、二一"模式的转变，与其他国家相比，我国的产业结构现代化具有鲜明的中国特色，这一过程是在市场、政府双轮驱动下的动态结果。但就产业结构现代化的绩效来看，以政府为主体的行政性干预降低了产业结构现代化的绩效。但应该充分肯定的是，在我国产业结构现代化过程中，我国政府在意识形态上的积极转变也是实现产业结构调整的重要原因。因此，对我国的产业结构现代化必须要以我国的具体国情出发，而最基本的国情就是中国特色社会主义市场经济制度。在下一章中，将会以比较分析的方法对美国、日本、德国、中国台湾为代表的发达国家和地区和以印度、俄罗斯为代表的发展中国家进行研究。

# 第六章 产业结构现代化的比较分析

自19世纪工业革命以来，发达国家相继完成了工业化过程，并最终迈向了现代化的资本主义国家。在这一过程中，可以发现，发达国家的产业结构演进是与制度建设并行的，也就是说有利的制度环境是发达国家产业结构演进的必要条件。可以说，第二次世界大战以后所形成的以美国为代表的自由主义市场经济模式，以日韩为代表的东亚发展模式，以德国为代表的社会市场经济模式以及以中国为代表的社会主义市场经济模式是产业结构现代化的基本制度环境。2008年金融危机以来，发达国家纷纷调整本国发展战略，试图通过以新的产业发展战略修正现有产业结构的不足，如美国为了解决产业结构空心化的问题，提出了要重新再工业化的发展战略，并在政策上形成了一系列的法案和框架。再如德国，由于德国产业结构中高新技术对制造业的发展存在不足，为了弥补这一缺陷，在制度上提出了工业4.0的发展战略，提出要实现"互联网＋工业"的产业发展战略。再如日本，为了刺激本国经济，实现产业结构的现代化，提出了所谓的"ICT"新政。另外，发展中国家在产业结构现代化过程中的制度创新也值得研究，如苏联的激进型制度创新直接导致本国产业结构发生偏转，印度的产业结构在非正式制度的影响下出现了产业结构的断裂现象，同时，作为从发达国家变为发展中国家的阿根廷，同样也是在制度创新上出现了问题。本章就这四个国家在第二次世界大战后的产业结构现代化进程中的中国式现代化制度创新进行探讨。

# 一、发达国家的产业结构现代化模式

## （一）美国模式的产业结构

在美国建国后的 200 年内，美国从一个落后的传统农业国成长为世界上经济最发达的现代化工业国。在这个过程中，美国的产业结构发生了巨大的变化，而制成美国产业结构演进的相关制度体系是支撑经济快速增长的重要保障。本节就对美国的产业结构发展历程进行梳理。

第二次世界大战以后，美国成为世界上经济军事最强大的国家。追溯其缘由，主要有以下几方面的原因。第一，两次世界大战均未波及美国本土，为美国经济的发展提供了稳定的外部环境。第二，战争订货为美国经济的腾飞提供了广大的市场条件。第三，美国政府为本国产业发展提供了良好的制度环境，尤其是对科技研发的投入较高。在以上这些条件的综合作用下，1948 年，美国工业产量已经占到世界工业总产量的 54.6%。[①]

从产业结构的变动趋势上看，第二次世界大战以后美国三次产业结构的总体发展趋势是一、二、三产业线性演进，并且三次产业之间的差值呈逐渐拉大的趋势，也就是说第一次产业的比例逐渐缩小，第二次产业的比例相对下降较慢，而第三次产业的增长速度最快。从 1950 年到 2010 年，美国三次产业结构变动大致是由最初的。从产业结构上看，第二次世界大战以后美国的产业结构已经明显表现出高级化的趋势，三次产业比重为 10:30:60。20 世纪 60 年代以后，在第三次产业革命的影响下，一批新型工业产业和新兴产业发展迅速，石油化工、天然气、电子、航空航天和原子能等新兴产业不断涌现，其中电子产业的兴起推动了第二产业内部结构的进一步高级化。20 世纪 70 年代以后，伴随着经济的滞涨出现，美国政府开始施行福利化政策。通过发展社会性事业，促进了第三次产业的不断提升。同时，国际环境也发生

---

① 景跃军：《战后美国产业结构与欧盟的比较》，吉林人民出版社，2006，第 50 页。

了巨大变化，日本、韩国等新兴国家崛起对美国的制造业造成了较大的威胁，在贸易结构上出现了失衡的现象。从 20 世纪 70 年代到 20 世纪 80 年代，美国在钢铁、汽车等传统产业中的优势逐渐被日本、韩国取代。20 世纪 90 年代以后，美国的产业结构现代化进程加快，如表 20 所示。

表20　1980—2005 年国内生产总值构成变化情况

Table.20　Changes in the composition of gross domestic product

| 年份 | 第一产业 | | 第二产业 | | 第三产业 | |
|---|---|---|---|---|---|---|
| 1980 | 比重 | 变化 | 比重 | 变化 | 比重 | 变化 |
| 1990 | 2.8 | — | 30.2 | — | 65.2 | — |
| 2000 | 1.9 | −0.8 | 24.6 | −5.6 | 73.5 | 8.3 |
| 2005 | 1.3 | −0.6 | 22 | −2.6 | 76.7 | 3.2 |

资料来源：王天伟：《产业发展之路》，天津科学技术出版社 2010 年版第 141 页。

其主要原因一是美国政府开始大力发展信息产业。通过互联网渗透到三次产业中，三次产业的劳动生产率得到了大幅度的提升，据相关研究显示，互联网渗透率每提高 45%，其对拉动国民经济增长率提升 1%。二是开始实行资源全球配置战略。三是大力鼓励创新。值得注意的是，美国的创新实施主体为中小企业。仅 1995 年，美国小企业研发投入占工业研发总投入的比例就达到了 14.5%，专利拥有量占专利总数的 38% 以上。

三次产业结构变动的基本原因有：（1）消费结构发生的转化。随着经济的增长，居民收入的增加导致了消费结构的多样化，房地产、租赁、公共服务、金融和保险以及卫生保健服务需求旺盛。（2）政府对军事工业的民用化改造。在战争期间应用的计算机、通信技术以及航天技术的民用化大大提高了社会生产力，从而促进了产业结构的高级化。（3）政府不断加大科研投入支出，推动制度创新。以第一产业为例，20 世纪 60 年代，美国建立了推进农业教育和农业科技工作，建立了农业、教育、科研推广的三位一体的产业创新联合体。

第一，创建了政府和产业界新的联结模式。可以说，美国产业经济发展的进步离不开政府的支持。一是强调政府的间接干预。美国政府在产业结构调整中干预的方式主要是通过产业技术政策和产业组织政策来实施。就产业技术政策来说，美国联邦政府通过持续的研发投入，动员社会各界力量实现产业发展技术引领和产业振兴，二产业组织政策则主要是通过反垄断政策实现企业的并购和重组，从而改善经济发展环境。二是知识产权的保护制度。三是灵活的就业政策。劳动力可以自由流动，实行自由就业政策，自由就业政策减少了政府对劳动力迁移的干预，使劳动力可以顺利地实现在不同产业之间的转移，产业结构的一体化。

第二，高度原子化的社会结构。第一产业中的企业经营发挥了重要作用。工业资本介入农业。是市场经济占主导地位。最为明显的例子就是数量庞大的中小型企业。据相关统计，从1947年到2009年，美国的市场主体中中小型企业对GDP的比重具有相当大的比重，其对GDP贡献基本维持在85%~87.5%，而国有部门的贡献仅在12.5%~15%。[①] 二是完善的立法体系。从建国之初到21世纪之后，美国的产业结构调整始终是以立法先行为主。三是利于创新的社会外部环境。四是美国的企业家精神。

第三，产业结构软化度高。制度创新的需求是在新的历史环境下产生的，从20世纪90年代以后到2000年这一阶段被称为美国的新经济时代。克林顿政府在白皮书中将新经济定义为技术及商业习惯与经济政策相互补充的进步、生产力水平的快速提升、国民收入的增加、低失业率及适度的通货膨胀等，能在经济运行中产生显著成果的经济增长方式。在新经济时代，信息技术是核心。德鲁克曾经预言过铁路引发的产业革命真正使"革命"形成了"体制"，信息革命将催生新时代的体制。从微观上看，在新经济时代，美国产业结构中的制度创新包括（1）企业组织和流程的再创造；（2）实行大规模

---

① 赵嘉、唐家龙：《美国产业结构演进与现代产业体系发展及其对中国的启示——基于美国1949到2009年的数据经验》，《科学学与科学技术管理》2012年第1期。

的企业重组。从宏观上看，美国更是通过技术进步和经济全球化制定相应的产业政策，重塑政府和企业之间的关系以及通过国家出口战略，以新的网络经济形态实现对全球资源的有效控制。然而，美国有维持科技进步、技术发明与创新的优良传统。

尽管美国的制度创新对产业结构发挥了重要的作用，但在资本主义根本制度的先天决定下，美国产业结构现代化过程中仍有许多矛盾亟须解决。

一是以利润为导向的产业结构价值取向，表现为产业结构高度金融化。美国模式中的产业结构发展过于重视第三产业，尤其是金融业的发展，与之带来的是产业空心化的问题以及产业金融化问题。2016 年，美国三次产业结构中，金融保险不动产租赁和专业性商业服务占第三产业总体比重的 7.3% 和 5.5%。[①]金融业的发展对美国产业的可持续性带来了严重的威胁。产业结构金融化是美国自身制度发展的必然结果。一方面，从 1776 年建国之初，美国就是一个商业性国家，其国家发展的内在逻辑是盈利。另一方面，基于这种民族心理建立的制度体系也是为了实现资本的增值来实现的，因此为了获取较高的利润，产业结构金融化是必然的结果。

二是非正式制度对产业结构的约束。一是受众对象的不平等。以医疗产业为例，美国的不同人群、不同机构、不同民族、不同社区，医生所接受的医疗服务的质量和供给是不同的，由此就造成了医疗产业存在一定程度上的离心现象。二是逐利的文化氛围使得美国的产业结构高度金融化，进一步加剧了社会的收入不平等。

## （二）德国模式的产业结构

自第一次产业革命以后，德国通过发展重化工业，曾一跃成为继美国之后的第二大重工业化国家。重化工业的发展是德国产业结构的重要基础，尽管第二次世界大战以后德国以战败国自居，但在雄厚的产业基础的支持下，

---

① 郭树华、包伟杰：《美国产业结构演进对中国的启示》，《思想战线》2018 年第 2 期。

德国迅速恢复了生产能力。战后，联邦德国没有像美国那样以凯恩斯政策为依据采用高压经济政策。相反，采取的是尽可能抑制靠国家力量创造有效需求，根据自由主义经济法则，有效运用市场竞争，通过扩大生产，提高劳动生产率，降低价格促进市场的充分竞争。同时，通过构建起完善的制度体系，对产业发展的方方面面进行了完善的制度优化。

第二次世界大战以后，德国作为战败国似乎应该像日本那样需要至少三十年的时间恢复经济社会秩序。然而，历史表明，德国仅仅用了五年的时间就恢复了生产能力。正如德国经济史学家阿贝尔斯豪塞所言，德国的经济不会因为一场战争而被摧毁，其经济的内核早已在威廉帝国时期就已经奠定了，而这一内核是支撑德国战后产业结构不断实现现代化的最重要的部分。总体来看，德国的产业结构发展经历了以下四个阶段。

第一阶段是 20 世纪 50 年代到 20 世纪 60 年代，这一阶段的主要内容是发展第二产业迅速恢复生产能力。战败以后，根据波兹坦公告，德国被美国、英国、苏联和法国占领。在四大占领区，四个国家对德国后期的经济恢复在不同程度上做出了重要的基础性贡献。在随后的 50、60 年，德国开始依靠加工型贸易提升产业生产能力，在产业结构上的表现就是第二产业的比例开始不断增长，第一产业的占比逐渐下降。到 1960 年，德国第一、第二、第三产业结构占国民经济总产值已经达到为 5.6%、53.5%、40.9%，产业结构中第二产业明显优势地位。

第二阶段是 20 世纪 70 年代到 20 世纪 80 年代，这一阶段的主要内容是发展第三产业实现产业结构的高级化。到 20 世纪 70 年代，德国产业结构中第一产业占国民生产总值的比例进一步降低，达到 3.9%，第二产业上升到57.6%，第三产业下降到 38.7%。到 20 世纪 80 年代，德国三次产业结构的构成比分别为 2.2%、44.8%、53%。

第三阶段是 20 世纪 90 年代到 2010 年，这一阶段的主要内容是进一步优化产业结构。20 世纪 90 年代以后，第三产业开始成为德国经济的主导产业，第二产业的比重也出现了下滑，三次产业结构的比值达 1.3%、33.2% 和 65.5%。2001 年，三次产业结构的比值进一步变为 0.98%、28.86% 和 70.16%。面对快速下滑的制造业，德国采取了积极的产业政策进行干预，到 2005 年，德国产业结构调整为 0.96%、30.43% 和 68.61%。

第四阶段是 2011 年至今，这一阶段的主要内容是促进数字化和职能化在产业发展中的应用，为第四次产业革命的到来做准备。

德国的产业结构的现代化是在社会市场经济的制度框架下实现的。

第一，独立自主的政府宏观调控。德国的产业发展模式既有美国式的自由市场竞争机制，又存在政府的有效干预。正是政府和市场的有机结合，才使得德国在产业选择上一直居世界前列。与西方的国家干预主义不同，艾哈德的社会市场经济体制的框架是市场和国家秩序政策的结合。独立自主的政府宏观调控根源于德国具有悠久的工业历史，按照郝塞思的观点，德国工业是不可能通过战争摧毁的。在德国独立自主的宏观调控下，形成了具有德国模式的社会市场经济体制框架。

第二，积极进行产业引导。生产性服务业发达，与美日等其他发达国家相比，德国第三产业的发展是建立在和第二产业的依附关系的基础之上，也就是说德国发达的服务业是为了服务于第一、第二产业。

第三，全面的发展主体。通过产业结构调整完成社会结构优化。联邦德国社会 1950 年、1960 年、1970 年、1981 年、1985 年的基尼系数分别是 0.396、0.380、0.392、0.347、0.344。[1] 德国产业结构的现代化过程中，德国各界形成了紧密的产业振兴联合体。如在战后恢复阶段，各种各样的联合会为德国经济的起飞起到了重要的参谋作用。一是从政策上保证了德国工业发展的独立自主，将外部环境干预的影响降到最低。二是为德国工业的发展提供了一系列的整套制度设计。这些制度设计保障了德国产业结构发展的秩序

---

① 许璇，邢来顺：《联邦德国产业结构转型与中间阶层的变化》，《华中科技大学学报（社会科学版）》2008 年第 1 期。

性。三是联合会与国家建立的紧密的合作关系。

第四，紧紧围绕产业核心主体。自俾斯麦执政德国以来，德国就以发展重型工业为主要的发展方向。20世纪90年代以来，德国更是以实体经济为产业结构的发展重心。围绕以发展实体经济为中心的国家产业发展战略，德国建立了一系列的制度体系，其中包括健全的社会保障体系、完善的教育培训体系以及社会市场经济体制。

第五，有利的外部环境促进了德国产业的腾飞。战后的德国所面临的有利条件包括（1）四大占领国对德国的经济技术支持，其中，美国的马歇尔计划对为德国的经济复苏起到了重要的作用。（2）朝鲜战争的爆发加速了德国新经济体制的复兴。

## （三）日本模式的产业结构

自第二次世界大战以后，日本开始了经济重建的过程，在经过倾斜生产、贸易和资本自由化等阶段以后，日本的经济得到了高速增长，现代型的产业结构体系不断完善。但应该认识到，日本是一个善于学习并创新的国家，日本产业结构的现代化过程与其自身的制度创新是离不开的。可以说，自战后日本经济发展的各个阶段，制度创新一直是日本保持经济优势的重要原因。

第二次世界大战以后，美国对日本进行了占领。到1952年朝鲜战争爆发为止，盟军对日本的占领这段时期被称为战后改革时期，战后改革不仅指经济体制方面，还包括政治、教育等领域的改革。为了消除日本在战争期间积累下的制度，盟军在战后改革时期的主要任务是进行非军事化改革。在占领军的行政管理下，盟军进行了土地改革、解散财阀、排除经济力量过分集中、制定工会法等"经济民主化"方案。具体来说，包含四个方面的内容。一是解散财阀；二是排除集中和禁止垄断的产生；三是劳资改革；四是农地改革。总体而言，"经济民主化"为今后日本经济的发展做出了质的规定，确立了日本资本主义经济体制的发展方向。

盟军占领管理下的日本经济可以分为两个时期，一个时期是"倾斜生产方式与道奇路线"；另一个时期是"朝鲜战争特别需求与缓和禁止垄断"时期。从1947年到1948年，在泽广已教授的提议下，日本开始进行倾斜式生产计划，所谓倾斜式生产计划就是在美国的援助下，首先使钢铁增加生产，然后再向煤矿有重点的配给钢材，使煤矿增加生产，再根据钢铁的生产，特别增加煤炭的供应，这样相互循环，以促进煤炭和钢铁的生产。1946年，吉田内阁开始以积极的货币政策和财政政策向生产性行业进行支持。1947年，复兴金融金库成立并集中对煤炭、电力、肥料、钢铁等行业实施融资，尤其将36%的融资金额投入到煤炭部门。随着朝鲜战争的爆发，美国逐渐放松了对日本经济的管制，由"改革"转向"复兴"。首先，美国解除了日本的财阀限制，从而为日本垄断型企业的独立化发展提供了外在条件。其次，日本先后制定《外汇法》和《外资法》，从法律上开始吸引外国资本并支持国内产业的发展。在这一时期，国外的新技术、大量的资本开始涌入，以石油部门为例，石油精炼部门实行"消费地精炼主义"，在其他制造业部门，则选择与经营权没有直接关系的技术引进，为独立的技术革新做准备。《外汇法》的制定建立了外汇预算制度和外汇配额制度，这两种制度对日本企业的技术创新起到了关键性的引导作用。

表23　日本产业结构变动情况
Table.23　Changes in Japan's industrial structure

| | 1955—1973年 | 1973—1985年 | 1985—1990年 | 1990—2000年 |
|---|---|---|---|---|
| 总增长率 | 9.4 | 3.6 | 5.2 | 1.5 |
| 农林水产业 | 1.1 | −0.2 | 0.8 | −3.3 |
| 矿产业 | 7.4 | −0.8 | 1.4 | −3.9 |
| 制造业 | 12.8 | 4.2 | 4.8 | 1.2 |
| 轻工业 | 10 | 2.2 | 2.3 | −1.3 |
| 重化工业 | 18.2 | 5.9 | 6.4 | 5.2 |
| 基础原材料型产业 | 17.2 | 3.1 | 3.4 | 0.5 |

续表

|  | 1955—1973 | 1973—1985 | 1985—1990 | 1990—2000 |
|---|---|---|---|---|
| 加工组装型产业 | 20 | 8.9 | 8.4 | 3.8 |
| 建筑业 | 10.8 | 0.4 | 8 | −2.4 |
| 电力、煤气、自来水 | 11 | 4.3 | 3.7 | 2.2 |
| 服务产业 | 9.5 | 4.4 | 5.2 | 2.5 |

资料来源：《日本经济史：1600-2015》，南京大学出版社，2017，第 257 页。

　　同时，日本政府以及美国对战后政治社会体制的改革为日本经济在 20 世纪六七十年代的起飞奠定了坚实的基础。日本战后的社会政治体制是为特大企业服务的社会政治结构，在这种结构下，日本开始着重发展合成纤维、汽车、家用电器等资本密集型产业。这种社会政治体制在产业发展中具有三方面的特征，一是确立了集团融通资金形态的特殊间接金融方式。在战后的产业结构调整过程中，可以发现日本产业发展的特征是有意提升产业的生产能力。另外，日本的金融制度是以企业集团融通资金为主要内容。在战争之后，排除经济力量过分集中的过程中，商业银行一直保持着相对有利的地位，商业银行为战后产业设备筹集资金发挥了间接的金融供给功能，其主要表现就是集中为大企业集团提供贷款。由此，就形成了以大企业集团为核心的产业发展模式。值得注意的是，日本的大企业集团发展是以内部相互协调、外部相互竞争来展开的。二是个各集团以集团协调行动的控制方式筹划对新型产业的投资行动。三是日本银行对任何集团企业均提供同等的资金供应和外汇管理机会。1956 年以后，随着集团控制的投资行动的加强以及投资的激烈竞争为日本产业结构的高级化奠定了制度上基础。从产业结构上看，日本经济进入稳定增长期以后，产业结构就开始了高级化过程。以第一产业为例，1955 年，日本农林水产业占名义 GDP 比例为 21%，而到 1973 年则下降到了 6.1%。在此期间，第二产业所占比重大幅度上升，制造业、重化工业上升速度最大。

　　从 20 世纪 90 年代开始，日本经济进入了以创新为核心的产业结构调整时期。在这一时期，受 20 世纪 80 年代泡沫经济和 20 世纪 90 年代美国新经济的影响，日本政府开始调整产业发展战略，为了实现日本产业竞争能力的提升，日本政府一方面放松对新兴产业的管制，鼓励企业竞争，另一方面积极推行产业技术政策，并在 1994 年提出《新技术立国》和《科学技术创造立国》的产业发展思想。尽管 20 世纪 90 年代以后的日本经济被称为"失去的20 年"，但从产业发展的角度来看，日本产业的综合竞争能力却明显增强了，具体表现为知识密集型产业和资本密集型产业进一步得到了发展。

从日本的产业发展实践中，给我们的借鉴是高度重视产业政策的重心，从复兴时期以煤炭、钢铁等基础产业为对象的政策转移到了对有增长前景的新兴产业实施的保护培育政策上，对于这些产业，采用了一些保护政策，如促进设备投资资金的低息融资和出口的税制优惠措施，以及有限获得进口管制以及外币配额。产业政策在产业竞争力不足，在依靠各家企业以及业界团体的努力难以控制竞争的时候，通过政府的介入和协调起到为民间企业继续积极的经营活动提供安全网的作用。但是，日本产业政策的突出特点是通过政府和市场两者之间的协调实施的。另外，日本产业结构调整过程中所独有的是企业之间的聚合形态，其外在表现就是企业之间的相互持股。形成了日本特大企业，企业集团在人事、资本上互相渗透，形成了所谓的纵横渗透型企业集团。

总体来看，日本的产业发展史表明国家在产业结构的调整过程中起着重要的作用，良好的外部环境以及日本人的国民性格在产业中也发挥了重要功能。

## 二、发展中国家产业结构转型的模式

### （一）苏联模式的产业结构

苏联的产业结构演进是以完全不同于西方国家的产业结构现代化道路完成的。20 世纪 20 年代，世界上第一个无产阶级专政的苏维埃政府成立，新生的苏维埃政权为产业结构的现代化奠定了政治制度基础。在经济上，苏维埃政权成立以后，面临内忧外患的国内国际形势，新生的苏维埃政权通过颁布法令，把资本主义大工业收归国有、取消私人商业等方式开始实行社会主义公有制。社会主义公有制的建立为苏联产业结构的现代化奠定了产业结构现代化的经济制度基础。政治上的稳定和经济上的集中大大促进了苏联的现代化进程。按照苏联的历史来看，可以以制度创新的程度将苏联的产业结构现代化历程分为三个阶段。

苏维埃政权成立1924年列宁去世是苏联产业结构现代化的第一阶段。在这一时期，苏联的计划经济体制开始确立。由于新生政权本身的不成熟，在这一阶段的制度体系经历了几次转变。1918年，为应对国内外颠覆势力，苏维埃政府实行战时共产主义政策。从斯大林到赫鲁晓夫时期是苏联产业结构演进的第二阶段。在斯大林时代，苏联模式正式确立。苏联就建成了6000多个现代化工业企业；到1930年，苏联工业增长63%，在产业结构上已经基本实现了一、二三产业向二、三一产业结构的转换。1938年，苏联的工业产量已经超越英、德、法等工业化国家，跃居世界第一位。总之，第二阶段的苏联在社会主义公有制模式下的产业结构的现代化水平已居世界前列。

从20世纪60年代到90年代是苏联产业结构演进的第三阶段。从20世纪60年代开始，伴随着苏共二十大对斯大林的批判，高度集中的政治经济体制弊端开始现象。第一，在政治上党政不分，以党代政。个人专断为政治上的进步带来了巨大的阻碍作用。第二，经济上以命令为主，管理僵化。在政治经济制度均缺乏创新的条件下，苏联的经济发展水平开始下降，如图32所示。1961年到1965年，苏联的国民收入年均增长率仅为5.6%，而同期的1951年到1955年的增长率达11.4%。第三，产业发展的重心以军工为主。从斯大林到勃列日涅夫，苏联以发展重型军事工业为重点，使得轻重工业发展比例逐渐失衡，其中甲类工业和乙类工业的增长速度差距由1966年的1.04比1扩大到1971年的1.28比1。

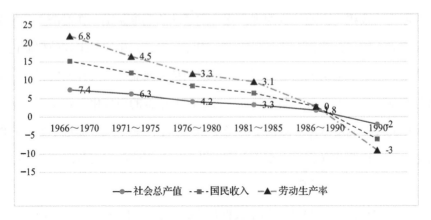

图 32　苏联经济增速情况

Fig.32　Economic growth in the Soviet union

资料来源：根据苏联有关年份国民经济统计资料绘制。

通过对苏联产业发展的历程可以发现，在近 80 年中形成的计划经济体制模式控制下，苏联经济大致经历了一个"倒 U 型的发展曲线"。在这个曲线的顶点，就是苏联体制僵化的极点。在缺乏创新的制度框架下，苏联的产业发展突出表现为一是产业发展的能耗过大。如在 70 年代末，生产每单位国民收入用钢量比美国多 90%，耗电量多 20%，石油用量多 100%，水泥用量多 80%，投资多 50%。二是产业环境封闭。1988 年，苏联对外贸易出口额占其 GNP 的 7.7%，而 1980 年，世界贸易出口额就已占世界 GNP 的 21% 以上。[1]三是产业结构过于偏重第二产业。在第二产业中又过于偏重军事工业的发展。

苏联的失败是由长期制度僵化而导致后期制度创新乏力的结果。面对苏联日益僵化的政治经济体制，苏联领导人并没有意识到内部制度创新的重要性，而是试图通过引入外部的制度，实现国民经济的好转。1990 年，苏联开始试行"可调节市场经济"，也就是通过私有化解决政治经济制度僵化的问题。同时，在中央政府修改的过程中，俄罗斯联邦领导人叶利钦提出了向市场经济过度的"500 天计划"，"500 天计划"主张对国有资产实行非国有化和私有化。具体而言，就是对大型国有企业进行私有化改革，主要形式是改

---

① 陆南泉编：《苏联经济简明教程》，中国财政经济出版社，1991 年，第 12 页。

组为跨共和国的股份公司。另外，为了加快苏联的市场化进程，俄联邦副总理亚夫林斯基于哈佛大学经济学家制订"哈佛计划"。然而，1991年，苏联经济并没有按照私有化方案所预期的改善，社会总产值下降了17%，GDP下降了13%。同时，意识形态上的混乱也造成制度意识的模糊，从而导致经济社会发展的总体下滑。

## （二）印度模式的产业结构

在产业结构现代化过程中，印度的发展模式具有浓厚的殖民主义色彩。在独立之前，印度的工业发展完全服务于英国殖民扩张政策的经济，因而造成了畸形的产业结构体系。自20世纪50年代独立后，印度才开始以一个独立的政治经济实体发展本国工业。受苏联模式和英国殖民经济的影响，印度的产业结构模式既有计划经济的模式，也有市场经济的模式。但在初期，仍是以计划模式为主。印度的产业结构演化过程基本上是生产工业的增长，主要是靠轻工业实现的，[①]具有鲜明的后发国家赶超战略的特点。通过独立自主、实施工业化战略，与摆脱殖民统治的国家目标相一致。然而印度的自由化进程十分缓慢，由此形成印度特色的产业结构发展模式。今天的印度，虽然具有世俗化的制度体制，但仍是一个宗教的社会。宗教文化和思想观念具有顽强的生命力，尤其在中下层民众的头脑中仍具有根深蒂固的保守观念，这是影响印度经济发展和现代化的重要因素之一。印度很大一部分民众，尤其是中下层民众，不是理性的经济人，这使社会缺乏经济的推动力，存在产业断层的问题。

受凯恩斯主义的影响，独立后的印度实行了国家资本主义，但与西方国家的国家资本主义不同的是，印度的国家资本主义具有鲜明的印度特色。首先，印度产业结构现代化中的制度是外源性质的，外源性的制度突出表现为

---

① 任佳：《印度工业化进程中产业结构演变的内在机理》，博士学位论文，复旦大学国民经济系，2006年，第123页。

英国殖民时期对印度制度构建的影响。其次，外源性的制度与内生型的制度的结合使得印度的制度结构呈现了一种二元分化的特点，这种二元制的结构既促进又制约了印度产业结构的现代化。

表 24　印度产业结构的变化
Table.24　Changes os India's industry structure

| | 1950　1951 年 | 1960　1961 年 | 1970　1971 年 | 1980　1981 年 | 1990　1991 年 |
|---|---|---|---|---|---|
| GDP（千万卢比） | 140466 | 206103 | 296278 | 401128 | 692871 |
| 所有就业人口 | 1950 | 1960 | 1970 | 1980 | 1990 |
| 农业 | 79.55 | 75.37 | 72.64 | 69.53 | 64.02 |
| 工业 | 7.97 | 10.53 | 11.82 | 13.06 | 16.02 |
| 　其中：制造业 | | | | 10.69 | 13.18 |
| 服务业 | 12.48 | 14.1 | 15.54 | 17.41 | 19.96 |
| 男性就业人口 | 1950 | 1960 | 1970 | 1980 | 1990 |
| 农业 | 73.54 | 69.99 | 66.44 | 62.89 | 59.34 |
| 工业 | 10.4 | 11.94 | 13.48 | 15.03 | 16.57 |
| 　其中：制造业 | | | | 12.02 | 13.25 |
| 服务业 | 16.06 | 18.07 | 20.08 | 22.08 | 24.09 |
| 女性就业人口 | 1950 | 1960 | 1970 | 1980 | 1990 |
| 农业 | 91.04 | 85.64 | 84.56 | 82.58 | 74.34 |
| 工业 | 3.32 | 8.64 | 7.84 | 9.19 | 14.8 |
| 　其中：制造业 | | | | 8.09 | 13.02 |
| 服务业 | 5.64 | 6.52 | 6.8 | 8.23 | 10.86 |

资料来源：根据任佳博士毕业论文整理

在第二个五年计划以后，印度以这种混合体制实现了快速的经济增长，大致可以分为两个阶段。20 世纪 60 年代以后，由于消费品工业占主导地位，因此按照霍夫曼比例印度处于第一阶段。1960 年到 1970 年是印度工业化的第二阶段，在这一阶段，资本品工业快于消费品工业，达到消费品工业的 50% 左右。1970 年到 1990 年，资本品工业达到消费品工业相平衡的阶段。造成这种往复的原因在于印度的产业发展战略中忽视了前向产业，也就是基础产业的发展滞后。就产业内部结构而言，以第一产业为例，由于受土地制度的影响，印度的第一产业仍偏向于传统农业，农业的整体集约化程度较低。

然而，由于印度经济社会缺乏中国式现代化的进步要素，所以导致其畸形的产业发展形态。首先，印度利益集团之间的冲突是经济低增长的一个重要因素。在印度的有产阶级中，有工业资本家集团、富农集团、白领阶层等自由职业者集团。其次，去世俗化成效较低。印度是一个多宗教的国度，被称为世界宗教博物馆。有大宗教，它们是印度教、伊斯兰教、基督教、锡克教、佛教、耆那教、犹太教和拜火教。在印度，宗教冲突由古至今，尤其是印度教和伊斯兰教的矛盾和冲突不断。尽管印度独立后，坚定地走政治世俗化和社会世俗化道路，但现实的情况是政治上的世俗化和社会上的宗教化并存，进而影响了制度的偏差。最后，印度社会文化上的保守性。印度宗教文化对产业结构特点的形成和发展也有着潜移默化的影响。由于宗教文化的差异和历史积怨所导致的宗教冲突是文化和经济矛盾激化的表现，对印度经济产生了破坏性的影响。

综上所述，可以得出印度产业结构现代化的结论。一是产业结构的现代化水平总体不高，三次产业的结构发展水平较不平衡。二是产业结构的可持续发展能力不强。三次产业结构以及产业结构内部的可持续发展联系性较弱。三是产业结构的收入再分配功能较弱。由于制度上的约束，制度中的非经济因素严重束缚了产业结构的现代化能力。四是产业结构的整体素质不高。除了较为先进的计算机软件产业以外，其他产业的整体发展能力均较弱。

## （三）阿根廷模式的产业结构

自 19 世纪 20 年代摆脱西班牙的殖民统治以来，阿根廷凭借其富集的自然资源优势，充分发挥传统农牧业优势，一度成为拉美地区最富裕的国家。1945 年，阿根廷的人均收入已是巴西的 3 倍，墨西哥的 2 倍，其经济发展几乎与加拿大、澳大利亚和挪威处于同一水平。然而，20 世纪 50 年代以后，阿根廷的经济发展水平、经济发展能力急速下滑，并深陷"中等收入陷阱"
当中。按人均 GDP 计算，其人均 GDP 已从 20 世纪初的世界第 8 位下降到了
2006 年的世界第 36 位。阿根廷的衰落是产业结构不能及时调整以及缺乏相
应的制度创新造成的。

在早期的现代过程中，阿根廷充分运用了自身所具有的自然资源比较优
势。按照购买力平价计算，阿根廷 1914 年之前的 GDP 年均增长率为 6.02%。
从产业结构上看，阿根廷经济的高速增长依赖于第一产业的发展。一方面，
积极发展畜牧业，畜牧业是阿根廷产业的主导产业。从 1870 年到 1913 年，
阿根廷的出口总额从 3022 万比索增长到 5.19 亿比索。另一方面，大力发展
小麦和玉米种植业，从 1876 年到 1914 年，阿根廷的农业种植面积已经从
489 万公顷增长到了 2409 万公顷。[1]到第一次世界大战前夕，阿根廷已经被
誉为"世界的肉库和粮仓"。

第一产业的发展通过波及效应带动了相关第二产业的发展，尤其是铁路
部门的发展。从 1870 年到 1918 年，阿根廷铁路里程从 732 公里增加到 34036
公里。[2]铁路部门的发展对阿根廷的经济带来了两方面的影响。一是促进了劳
动力和商品的流动。二是进一步促进了第一产业的发展。三是推动了工业部
门的增长。

表25  阿根廷主要出口产品
Table.25  Argentina's main exports

|  | 1875  1879 年 | 1880  1884 年 | 1890  1894 年 | 1900  1904 年 | 1910  1914 年 |
|---|---|---|---|---|---|
| 羊毛 | 34.1 | 41.3 | 52.7 | 66.7 | 51.9 |
| 腌肉 | 24.6 | 22.5 | 35.6 | 35.6 | 44 |
| 冷冻羊肉 | 0 | 0 | 3.5 | 9.7 | 8.9 |
| 冷冻牛肉 | 0 | 0 | 0.1 | 10.6 | 54 |

---

① 董国辉：《阿根廷现代化道路研究—早期现代化的历史考察》，世界图书出版公司，2013，第69页。
② Raymond H. Pulley, "The Railroad and Argentine National Development, 1852–1914", The Ameicas.
Vol, 23, No.1, JUL 1966, PP, 69–75.

续表

|  | 1875　1879 年 | 1880　1884 年 | 1890　1894 年 | 1900　1904 年 | 1910　1914 年 |
|---|---|---|---|---|---|
| 肉罐头 | 0.0 | 0 | 0.6 | 0.5 | 3 |
| 小麦 | 0.2 | 1.2 | 28.1 | 22.1 | 78.1 |
| 玉米 | 0.3 | 1.2 | 6 | 34.4 | 72.4 |
| 亚麻籽 | 0 | 1.2 | 3.6 | 32.2 | 41 |
| 燕麦、大麦、黑麦 | 0 | 0 | 0 | 0.5 | 14.6 |
| 物品总值 | 64.5 | 71.1 | 136.8 | 248.1 | 369 |

资料来源：董国辉:《阿根廷现代化道路研究——早期现代化的历史考察》，世界图书出版公司，2013年，第69页。

　　从20世纪60年代以后，阿根廷的产业结构就进入了波动期。如图33所示，以农业和制造业为例，尽管长期来看，阿根廷的农业和制造业在GDP中的占比逐年下滑，但从图中可以看出，农业和制造业每一年的波动幅度相当大，这是与其他发达国家极为不同的地方。结合这一阶段阿根廷的政治社会环境，剧烈的波动说明阿根廷的产业发展中的制度维持能力较弱。一方面，20世纪60年代以后，阿根廷的政治社会环境发生了转变。

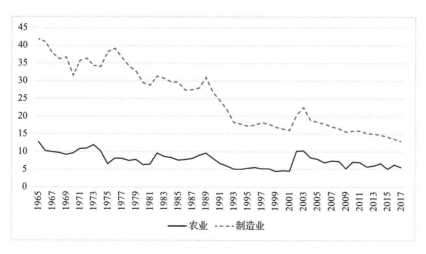

**图 33　阿根廷农业和制造业发展趋势图**

Fig.33　Trends in agriculture and manufacturing of Argentina

资料来源：根据世界银行数据整理。https://data.worldbank.org.cn/indicator/NV.AGR.TOTL.CN

依靠潘帕斯草原，阿根廷通过发展畜牧业一跃成为拉美地区最富庶的国家。然而，从最富庶的国家衰落成发达国家也是阿根廷经济发展的独特表现。有的学者将阿根廷的发展模式定义为钟摆型的发展模式，寓意为从自由主义到民众主义来回摇摆。不论是什么样的观点，阿根廷模式的衰落再一次证明，缺乏制度创新国家是不可能获得可持续发展能力的。

第一，在早期现代化阶段。阿根廷通过将分散的土地集中，建立起了以大地产制为核心、租佃制和小型农场并行的土地制度。这种土地制度适应了阿根廷畜牧业发展的需要，在阿根廷现代化的早期阶段发挥了重要的促进作用。在劳动力的引入方面。阿根廷通过采取一系列措施，积极引入外国移民，以此来解决制约经济增长的人力资本不足的问题。从 1853 年开始，阿根廷联邦政府就通过宪法，规定移民可以在阿根廷境内享有同等的公民权。同时，成立移民管理局，给予新移民税收优惠政策。劳动力的引入不但提供了大量的人力资源，而且带来了新的种植技术、经营管理经验。另外，阿根廷还有外国资本，尤其是英国的资本，大力发展了本国的基础设施。

第二，制度缺乏聚合导致经济增速下滑。同样是制度性因素，导致了日后阿根廷经济的衰退。一是对外出口的过度依赖使阿根廷成了依附性经济体。过度的依赖国外市场使得阿根廷自身的经济缺乏足够的韧性，在 1929 年西方国家普遍出现经济萧条的背景下，阿根廷自身的产业遭到了重挫。二是政治上的妥协使得阿根廷错失了工业化的最佳时机。尽管 1924 年激进党已经认识到通过幼稚产业保护政策发展本国的工业，但在出口利益集团和英国资本的干预下，阿根廷没有采取相应的措施，从而延缓了阿根廷的工业化进程。

第三，政治环境的不稳定加剧。1929 年经济大萧条以后，阿根廷陷入了军政权和民主政权更迭的局面。政局的不稳定使得阿根廷缺乏一个稳定的经济发展环境，从而抑制了产业资本的发展。阿根廷政局动乱的原因在于：(1) 缺乏统一的民族意识；(2) 缺乏一个强有力的政党领导；(3) 非正式制度对制度结构的路径依赖较大。

第四，没有处理好政府和市场的关系。对于产业的发展而言，阿根廷政府对于政府和市场二者之间的关系的处理较为极端。从国内经济来看，以农牧业精英为代表的保守派排斥工业的发展，造成国内市场有效需求不足。从对外经济来看，1930 年以后，阿根廷政府开始实行进口替代工业化模式，进口替代工业化的推进使得原本高度依赖国外市场的阿根廷产业更加封闭，进而使得本国市场与国外市场之间产生了疏离。阿根廷政府缺乏对根本制度的广泛共识。

## 三、小结

通过对发达国家和发展中国家产业结构现代化的梳理，可以发现制度性因素对产业结构的现代化发挥了重要作用。从这些国家的发展经验和教训中，可以得出初步的结论。首先，国家在产业结构现代化过程中的作用极为重要。其次，意识形态对形成制度内聚力具有重要的指导作用。最后，国家的历史和文化同样是影响产业现代化水平的重要方面。通过对比可以发现，对于发展中国家而言，国家在意识形态上的一致性、各经济社会主体在经济发展中的协同性对于产业竞争力的发现具有重要意义。

# 第七章 推动我国产业结构现代化的政策建议

我国社会主义根本制度优势的来源有三个。一是科学理论指导下的政治经济制度体系。二是传统文化塑造了我们坚韧不拔的国民性格。三是善于吸收国外先进管理经验。产业结构的现代化是建设现代产业体系的重要内容，建立在以上三点之上的中国式现代化制度创新是实现产业结构现代化的重要路径。就我国现阶段产业发展状况来说，应从以下几个方面推动我国产业结构的现代化。

## 一、完善市场制度建设，优化整体营商环境

十九大报告指出，今后我国要让市场在资源配置中发挥决定性的作用。在产业结构的现代化过程中，完善的市场制度体系是产业结构不断提升现代化水平的前提。同时，还要不断优化整体营商环境，提升产业主体的综合素质。

### （一）完善产业发展的制度体系构建

制度构建是根据社会发展和组织发展的需要，构想、设计、创建一种新的制度形式并使之制度化的过程。实现制度创新要以理论创新为先导，要坚持理论创新的指导性，形成具有中国特色的制度创新的制度土壤。对于产业

结构的现代化而言，要从多个方面进行制度构建，进而增强中国在产业发展方面的制度自信。

第一，不断完善与产业发展相关的制度体系建设。随着社会分工的日益细化，以及新技术在各个产业中的渗透，产业结构逐渐变得愈加网络化和复杂化。对此，必须要形成一整套的支撑产业结构自动调整的制度机制，促进产业结构由传统型的产业结构向现代型的产业结构演进。具体而言，就是要推进三次产业结构之间以及三次产业内部结构不断优化。新制度经济学认为，健全的产权体系是发达市场经济的基础。为了实现产业结构的现代化，我国应不断加强产权体系建设，通过健全的产权结构实现整体大于部分的社会主义市场经济的功能。健全的产权体系是现代市场经济运行的前提和技术，因此要不断加强现代产权体系建设。一是要进一步完善正式产权制度体系，出台更多的制度性法律，不断完善产权的服务体系、标准体系、管理体系和保护体系。二是要完善要素市场，促进要素市场融入现代市场经济的轨道中。对于第一产业来说，首先，要不断完善农村土地制度，不断完善土地使用激励机制，促进农民生产经营行为与土地高效利用之间的协调统一。其次，实施乡村振兴战略，将农村中的经济聚合于产业兴旺之上，实现以第一产业中生产力的不断提升。再次，在第一产业的发展中引入公司企业制度，用现代化的企业治理实现第一产业的现代化。同时，构建农林牧渔生产经营性企业的保护制度，通过发展农业金融保险，降低农业生产型企业在现代市场经济环境中的运行风险。对于第二产业而言，既要完善物质生产部门的经济效益，又要注重实现社会、生态的综合效益。在产业发展中，要推进第二产业生产要素使用的绿色化，具体来说，就是要不断提升生产要素的使用标准，鼓励制造业、化学工业等产业使用清洁型原材料。对于第三产业而言，就是要不断发展高质量的服务业。一是要不断加大人力资本的投入，提升服务的质量。二是加大技术研发，实现我国劳动密集型向知识技术型服务业的转型。

第二，不断提升六大制度领域的中国式现代化制度创新。中国式现代化制度创新对于我国的产业结构现代化的发展具有重要意义，因此要在顶层设计上不断完善相关的制度。具体来说，就是要在政治、经济、社会、文化、生态和党的建设上实现制度的聚合。一是要促进六大制度领域建设与产业结构调整相融合。在三次产业结构的协调上提升制度间的协调性，使六大制度领域的建设在三次产业结构的演进过程中形成正的反馈机制。二是要发挥六大制度领域在产业发展中的积极作用。通过降低制度性交易成本，促进产业结构的发展。在政治领域，就是要给予不同所有制主体平等地位。在我国，由于历史上形成的路径依赖，国有经济在产业发展中占有主导地位，而非公有制经济往往处于弱势地位。因此，要不断推进混合所有制改革。在负面清单中的产业类别，应该鼓励和支持非公有制企业积极参与。在经济上，应加大关系我国现代化进程的关键性产业支持力度，通过财政、税收、金融、货币等手段，推进我国战略性新兴产业的发展。在社会上，鼓励大众创业、万众创新，给予创新创业者更多的优惠条件。在文化上，要发扬新时代中国特色社会主义文化，推进马克思主义世界观方法论与中华优秀传统文化和当代中国文化的深度融合。在生态上，要加强产业发展的生态标准，但在推进传统产业向现代化产业演进过程中，应注意产业转型的艰巨性和时滞性，不搞一刀切。在党的建设上，要加强党对产业发展工作的政治思想引领，发挥党组织在产业结构调整过程中的核心领导作用。

第三，增强制度的活力，提升制度的互补性。制度的活力在于可以激发产业结构现代化的潜能，在于为产业的发展提供了更多可供选择的制度工具。在产业结构的现代化过程中，增强制度的活力关键在于激发社会各主体的能动性。首先，对于经济中的微观个人主体来说。第一产业的发展要充分认识我国农村社会人口的复杂性，相关政策的制定要考虑农村非正式制度对农业发展的锁定效应，同时，结合现代化科学理论，培育新型农民。另外，在产业扶贫上，做到扶智更要扶志，应在制度上加强农村贫困人口在社会中的融入，帮助贫困人口积极融入社会，可以通过自己的一技之长改善自身的处境。

其次，要激发企业的活力。企业是产业结构现代化的主体，是推动技术创新的主要理论。激发企业活力，一是要培育和鼓励形成企业家精神。二是要提高企业职工的做事积极性。再次，要激发社会的活力。人是社会的主体，社会是由形形色色的人构成的复杂组织网络。在产业结构的现代化过程中，应关注社会的最新需求。在我国的现代化过程中，社会各阶层之间的共识是推进经济社会发展的重要原因。因此，在产业的发展上，也应注重社会各阶层在利益发展上的一致性诉求。

### （二）加强产权体系建设，优化市场主体结构

产权体系建设是现代市场经济的制度基础，是实现整体经济帕累托改进的重要条件。在产业结构现代化过程中，不同的产权主体决定了特定产业的未来发展能力。只有通过清晰的产权体系设定，才能实现三次产业的整体现代化。可以说，产权体系的建设是产业结构现代化的基础之一。

第一，深度挖掘产权的标的。在经济学的分析框架下，产权是凝聚在特定物上的一组权利束，这组权利束包括占用、收益、处置和使用等现实职能。产权在不同的产业发展中具有不同的性质，第一产业中的产权主要集中在土地等天然生产要素方面，第二产业中的产权标的主要集中在资本等人造生产要素方面，而第三产业中的产权标的则是以知识和服务为中心所形成的。在产业结构的演化当中，明晰的产权既可以提升生产要素的边际价值，又可以激发产权主体生产积极性。具体来说，一是加快构建现代化产权制度体系。建立涵盖现代农业、现代菿、现代服务业的系列规则制度框架。二是完善现代要求产权体系、构建能够更好激励土地、技术、资金、人才、数据等生产要素的标准规则体系，实现生产要素在产业结构调整中最大化。三是完善三次产业内部结构的标的内涵，推动一、二、三产业标的内涵、内容的不断深化和拓展。

第二，培育产权市场。利用要素市场形成产权市场是进一步优化产业结

构的必要措施，因此，在产业结构现代化目标明确的前提下，要培育多层次、全覆盖的产权市场。首先，针对我国第二产业在过去形成的粗放型生产方式，应尽早完善碳汇交易制度，在现有碳汇市场初步形成的基础上，进一步扩大碳汇市场规模。其次，在农村土地三权分置的条件下，要继续完善规范农地流转市场，提高农地流转正规化程度，以合同的形式稳定转入农地农户的农地经营权产权预期，缩小自有农地与转入农地间的地权稳定性差异，促进转入农户向转入地块进行农业长期投资。最后，政府要出台更多优惠政策，促进民营企业更快发展，利用第三产业中的市场活性带动产业高端化升级。

### （三）进一步减税降费，降低企业运行成本

产业结构的现代化归根到底是企业自身向现代化企业转变的过程，在这一过程中，政府必须为企业的良性发展提供制度前提，就是要降低企业在经济运行中的各种成本。降低制度性交易成本，优化营商环境，在世界银行的营商环境指标评价中，我国的整体营商环境仅为46分，与真正的有利营商环境仍有较大差距。在乔杉（2019）的研究表明，降低制度性交易成本对提升全要素生产率具有重要作用。因此，产业结构的调整要进一步提升产业发展的制度性交易成本。具体来说，就是要进一步简政放权，在产业发展中降低企业登记注册的时间；深化"放、管、服"改革，推进"多证合一"和"证照分离"管理；降低企业的社会保障缴纳基数，实行差额制的缴费管理方法。税收制度改革，推进间接税向直接税的转变。

## 二、中国式现代化动力支持，形成强化多主体创新

### （一）妥善处理好政府和市场的关系

一是要坚持党对产业结构调整的领导，在此基础上发挥政府的有为作用。我国是马克思主义政党，在马克思主义政党的领导下，产业结构的现代化最终目标是实现共产主义，中期目标是实现两个一百年的现代化奋斗目标，近

期目标是为全面建成小康社会提供物质保障。坚持党对产业发展的绝对领导，必须要以人民的利益为中心，坚持产业发展的核心归宿是实现全体人民的共同富裕。在此基础上，要积极发挥政府的有为作用。政府的有为与政府的有效是两个不同的范畴，林毅夫曾提出政府的有效是强调政府对经济生活的干预，而政府的有为则强调政府部门对经济部门的支持。在产业结构的调整中，要发挥政府的有为作用就是要转变政府职能，促进向服务型政府转变。另外，政府部门要通过有效的产业政策，通过产业发展的战略目标、战略途径的选择，运行调节型的产业政策手段促进产业结构的现代化。

　　二是产业结构的现代化必须充分发挥市场的决定性作用。发挥市场的决定性作用，就是要让资源配置在价值规律的作用下，通过市场经济本身所具有的供求机制、价格机制、竞争机制实现资源的优化配置。市场决定资源配置就是要让各类生产要素在不同产业中自由流通，实现一、二、三产业的有序、稳定发展。同时，根据社会化大生产的要求，优化企业的组织结构，打破地区、部门和行业壁垒，促进优势企业的兼并重组，合理利用资源，形成整体性的企业集团。另外，在为了确保市场经济的良性运行，还要对部分市场职能进行制度化构建，如市场运行所需要的产权基础设施、道德秩序以及政府体制等。最后，让市场主体发挥各自的能动性，使其成为促进制度创新的主体动力。

　　三是构建更加开放的经济发展格局。十九大报告指出，我国要构建全方位的开放格局。全方位的开放格局就是要让产业结构与国际对接，在全球化经济背景下，应进一步推进产业发展与世界市场的有机融合。构建开放型的产业结构一是要根据动态比较优势原则，引进本国的短板产业，引进、消化、吸收国外的先进技术和管理经验。二是要量力而行，不能照搬国外的制度体系，必须要根据我国具体的国情需要，去其糟粕，取其精华，使之能不断优化我国的特色社会主义制度。总而言之，建立开放型的产业结构体系，就是要在开放的经济环境下提升我国产业结构的国际化水平，进一步缩短我国产业与发达国家产业发展的差距。

### （二）积极扶持中小微企业的发展壮大

在现代经济中，中小微企业是创新的主体，是经济中最具有生产活力的细胞。因此，政府要通过多种举措扶持中小微企业的发展。

第一，加大对中小微企业的财政税收支持。中小微企业大多属于成长型企业，因此需要政府对其进行多方面的支持。一方面，要降低中小微型企业的生产经营成本，通过税收返还，贴息贷款，政府担保等方式扶持中小微企业的发展。另一方面，可以国有经济在我国经济发展中的优势，将中小微企业纳入国有企业生产经营中的一环，将具有辅助性的生产经营部门交给中小微企业经营，形成生产经营的联合体。

第二，加大对中小微企业的政策性引导。中小微企业的弱势不仅在于资本的短缺，更重要的在于缺少对政府信息了解渠道。所以说，在进一步扶持中小微企业的同时，也应该加大提供对中小微企业的政策性引导服务力度。只有这样，才能在信息上保障国有经济与民营经济在信息共享上具有平等的地位，从而有利于激发民营经济干事创业的积极性。

第三，向中小微企业进行产业发展倾斜。一般而言，中小微企业直接面对的是经济社会的消费端，是直接为人民生活提供物质消费资料的部门。因此，在一般性的产业构成中，应对中小微企业提供产业倾斜。以产业扶贫为例，为了实现通过产业发展消除贫困的目的，政府可以将农业生产的某些具体环节交给中小微企业经营管理。但是，在向中小微企业进行产业倾斜的同时，要建立社会信用体系，对在产业发展中的失信企业建立黑名单制度，对表现优异的企业进行一定的激励。

### （三）发挥非正式制度作用，以优秀文化聚合制度创新

不论是新制度经济学还是社会学、政治学，非正式制度都对经济社会的发展具有重要意义。非正式制度是在历史中形成的，通过时间的累积效应塑造了对人们的日常行为。因此，中国式现代化制度创新要重视发挥非正式制

度的作用。

一些研究日本产业发展的学者指出，正是日本非正式制度中的文化性因素塑造了日本产业精益求精的工匠精神，这种讲求务实、高效、精准的工匠精神曾对 20 世纪 60 年代日本经济的起飞起了重要作用。回顾到我国五千年的历史，工匠精神同样是我国人民中的重要组成部分。在新的经济发展战略机遇期，我国已经不能只是单纯地依靠廉价的人力资源优势，而更应该转向人力资本优势。因此，在产业结构的现代化过程中，必须要充分挖掘有益于产业发展的符合我国现实需要的特色大国工匠精神。

第一，完善具有中国特色的职业培训教育体系。高技能的工匠需要有高水平的职业培训教育体系，在过去，职业教育一直被视为教育中的低端，只有培养职业白领的大学教育才是主流。但从发达国家的成功产业发展经验来看，正是发达健全的职业教育培训体系铸造了这些国家的产业品质。因此，在高质量发展阶段，我国一定要重视建设具有中国特色的职业培训教育体系。一是要提高职业教育院校的经济社会地位。二是要形成大学与职业院校的循环交流机制。促进科学研究与具体生产实践的有机衔接。三是要加大对职业教育院校的资金、人员投入。四是提前引导职业教育，对此，可以学习德国的职业教育发展路径，在小学毕业后就引导学生接受蓝领职业培训教育。

第二，推进产教融合，建立健全制度平台。技能型人才不会因新工业革命而降低其重要程度，在新工业革命过程中会更进一步凸显其重要性。据统计，中国技能劳动者总量虽超过 1.65 亿人，但仅占就业人员总量的 21.3%，其中高技能人才 4791 万人，仅占就业人员总数的 6.2%[1]。大国工匠精神的落实关键在于有相关的制度平台建设支撑。高水平工匠的培训必须坚持生产和学习两方面，这是因为只有在生产中才能发现问题，发现问题后在教育的环节解决。所以，要推进产教融合发展，实现生产一线与学校教育两个平台的对接。

---

① 中国社会科学院工经所课题组：《从工匠强国到制造强国》，《中国经济报告》2018 年第 1 期。

第三，弘扬中华优秀传统工匠文化。作为非正式制度的重要组成部分，应充分利用其在培育现代工匠精神中的重要功能。首先，要实现传统文化的现代化解读。在现代化发展过程中，一向被视为传统中的文化在一定程度上被视为现代化发展的有益补充，其在帮助技能型人才正确树立人生观、世界观等方面具有重要意义。其次，要吸收借鉴国外工匠文化。大国工匠就是要有大国气派，就是要在实践中能博采众长。因此，我国高级工匠的培育一定要注重对外来工匠文化的吸收。对此，应加大职业院校和用人单位与国外院校和企业之间的对等交流，鼓励双方开展合作竞技平台，加大相关产业相互协作。

总而言之，在《中国制造 2025》的背景下，要塑造出具有中国特色的大国工匠精神，进而实现我国由产业大国向产业强国的转变。

# 三、助力新型生产性服务业对产业结构现代化的推动作用

生产性服务业是三次产业发展的重要动力保障，发达国家的产业发展实践表明，生产性服务业的发展水平与三次产业的现代化水平具有正向相关关系。因此，在新的发展阶段，为提高产业结构的综合质量，实现产业结构的软化，我们必须通过制度创新推进生产性服务业与三次产业的融合发展。

## （一）推进信息化与三次产业的深度融合

第一，发展互联网信息产业。20 世纪 90 年代是互联网经济的蓬勃发展的时期，在互联网的推动下，产业结构发生了巨大的变化。一方面，互联网改变了生产力。通过互联网与三次产业结构的融合发展，促进了三次产业的数字化、职能化发展。因而大大地促进了生产力的提升。另一方面，互联网改变了生产关系。面对生产力的变革，生产关系相应发生了变化。总之，在

互联网日益成为产业发展的必要条件的时期。

第二，积极实行互联网＋战略。具体到三次产业，就是要实现互联网与第一、第二、第三次产业的渗透发展，对第一产业来说，就是要发展数字农业、智慧农业。对第二产业来说，就是要推动互联网＋制造业、互联网＋工业的模式；对第三产业来说，就是要提升三次产业发展的数字化水平。

### （二）提高生产性服务业的精准化

生产性服务业的精准化就是要面对需求端，提供高质量的生产性服务。这是由于在工业化的中后期，生产性服务业产值已经成为服务业产值中比重较高的部分，普遍在 40%～60%[①]。因此，只有实现生产性服务业发展的高端化和精准化，才能站在微笑曲线的两端，从而有利于提升产业的附加价值。

第一，培育龙头生产性服务业企业。企业是生产性服务业的主体，因此政府部门应采取多种方式培育具有龙头效应的生产性服务业。不断推进生产性服务的高级化、专业化，引导、培育、扶持生产性服务业专业化的发展。

第二，加大相关技术标准的制定。改革开放四十年来，我国正从一个制造业大国向制造业强国转变。在这一过程中，相关技术标准的制定是决定产业发展水平的关键。反观发达国家，正式掌握了技术标准体系的话语权，才站在了产业价值链的最顶端。一是要加大对科研的投入力度，给予科学研究工作人员更大的创新自主权。二是要鼓励科研端口与实践端口的衔接。

第三，促进生产性服务业在产业结构中的双向嵌入。生产性服务业在产业结构中的嵌入分为关系型嵌入和结构型嵌入[②]，在产业发展的实践中，要实现生产性服务业的双重关系的嵌入，从而提升产业价值。

---

① 宣烨，胡曦：《生产性服务业与制造业关系的演变：从"需求依附"走向"发展引领"》，《南京财经大学学报》2018 年第 12 期。

② 于明远：《生产性服务嵌入与中国制造业国际竞争力提升》，《当代经济科学》2018 年第 12 期。

### （三）推进现代化产业组织政策的变革

产业组织是产业发展的载体，产业组织政策是产业结构现代化的重要方面。党的十八大之前，我国的产业组织政策过多地强调市场主体的义务，在具体手段上过多采用强制性的手段。但在高质量发展阶段，要实现产业结构的现代化，必须要积极推进产业组织政策向现代化方向变革。

第一，以意识形态推进产业组织发展目标与产业结构现代化目标协调。产业组织政策的目标归根到底要与经济社会发展的目标相一致，而意识形态很大程度上是经济社会发展目标的缩影。因此，要从政策上引导产业组织发展目标与产业结构的现代化目标相协调。对我国而言，国有企业作为我们党的事业的物质基础和政治保障，应不断加强国有企业党的建设，使其与主要业务相融合。同时，在有条件的民营企业，也可以鼓励党建工作推动企业自身内部建设。

第二，促进有效竞争性态势的形成。竞争性态势是相对于计划性态势的一个概念，其是产业主体在市场经济环境中的一般形态。竞争性态势的形成有利于消除路径依赖。其一，通过企业之间的竞争，实现偏好规模化生产，推进企业兼并重组；其二，有利于正确处理竞争和垄断的关系，促进市场竞争环境的形成和维护竞争制度；其三，通过激励型制度鼓励企业的组织扁平化，降低企业运行组织运行成本。

第三，推进竞争性政策体系的构建。一是要推进产业组织政策的法治化。法治化是市场经济的必然选择，是推进制度创新的重要基础。所以要不断涉及经济行为、经济主体的法律体系。二是要推进产业组织政策的去管制化。在市场对资源起决定配置的制度中，就是要发挥看不见的手的功能，促进市场的有效竞争。三是通过竞争性政策的体系建设激励形成中国式现代化制度创新的初级行动集团和次级行动集团，进而实现制度创新的利益驱动机制。

# 第八章　初步研究结论及未来展望

## 一、初步研究结论

在研究的过程中，本书反对技术决定论和制度决定论，而是认为产业结构的现代化是技术和制度具有某种协同性，这种协同性会影响产业结构的现代化进程。这是因为，（1）技术决定论和制度决定论成立的前提条件都是不存在彼此的变革。（2）技术创新和制度决定论忽视了二者之间的相互影响。事实上，技术创新的需要对制度提出新的实践需求，而制度的实践又进一步促进着技术的创新和进步。总之，产业结构现代化的过程就是产业实践从观念到制度，再从制度到技术的一个过程。

中国式现代化制度在产业结构现代化中的优势是理论、制度、文化、道路四个方面的外在表现。对于我国而言，就是理论上的科学性、制度上的合宜性、文化上的发展性、道路上的人民性，决定了我国中国式现代化制度的优势，还可以进一步的发挥。认识到不同国家产业发展起点的差异性，环境禀赋的差异性。要用现代的发展观去认识中国的产业结构现代化问题。在产业结构的现代化过程中，要认识到国家和意识形态的重要作用，对于发展中国家而言，国家和政府在产业政策和产业指导的作用不可或缺，而意识形态最大的功能既在于增强产业的整体凝聚力，另外又可以让产业主体认识到产业发展中的精神环境的重要性。

中国产业结构现代化过程就是一个中国式现代化制度创新的过程，在中国式现代化制度创新的过程中，不同所有制的企业，具有不同文化背景的人口，具有不同政治取向的、具有不同利益诉求的市场主体以及内外部性因素被聚合在中国特色社会主义制度的框架之下，最终产生了一个强大的整体性功能。与其他国家相比，中国的中国式现代化制度中的优点在于（1）长期保持着制度的灵活性；（2）长期保持着制度的延续性；（3）长期保持着制度的稳定性；（4）长期保持着制度的目标性。基于这四点，中国走出了自己独特的产业结构现代化道路。沿着这条道路，相信在不久的将来，必然会迎来中华民族的伟大复兴。

本文的主要研究结论是提出在三次产业结构的现代化过程中实现知识化、创新化、协调化、高级化、开放化以及民生化的关键是要使市场、政府、企业和社会实现有序聚合，改变过去纵向式的产业发展战略，转向以提升经济总体质量为目标的横向式的产业发展战略。2019年3月，习近平总书记在《关于坚持和发展中国特色社会主义的几个问题》中再三强调，世界上没有放之四海而皆准的发展模式，对于产业结构的现代化而言，更没有统一的模式供所有国家选择。对于我国而言，就是要发挥社会主义国家的优越性，通过聚合社会各主体、经济各要素、内外部市场，实现产业结构的现代化。正如《史记·天官书》中所述的："五星分天之中，积于东方，中国利；积于西方，外国用（兵）者利。五星皆从辰星而聚于一舍，其所舍之国可以法致天下。"总之，所谓的通过中国式现代化制度创新就是本书所阐述的四个方面的聚合，以对内的制度性改革和以对外的制度性开放为抓手，渐进式的实现具有中国特色的产业结构现代化，为两个一百年奋斗目标奠定物质基础。

## 二、研究局限与展望

尽管本书尝试性地提出了在产业结构现代化过程中应发挥中国式现代化制度创新的理论命题，但在研究的过程中，由于对诸多问题的研究仍处于探讨阶段，因而整体的理论框架不免有各种缺陷，这些缺陷正是本文的研究局限。在本章节中，本文就在研究过程中存在的不足以及未来的研究展望进行一一梳理，希望对今后的研究者能有所助益。

一方面，整体的研究框架仍有待深化。在产业结构理论中，现代化既是一个老的问题也是一个新的问题。产业结构现代化问题不是一个新问题根源于两个方面。一方面，自人类开始经济活动、研究经济现象之初，产业结构的发展和调整就已经成为一个实用性的问题。另一方面，自工业革命以来，现代化问题开始产生。但应该认识到的是，现代化问题自始至终是一个动态的问题。结合这两点，产业结构现代化应该具体到特定的历史发展时期。就本研究来看，当前的中国处于一个历史性的发展阶段，产业结构的现代和制度创新是我们这个时代最重要的两个主题。对这两个主题的研究应该更加系统、更加完整以及更加全面，从这一方面来看，本文所做的研究仍然较为浅显。因此，希望今后的研究能更加深入，从而为这两个重要的主题提供更加完整的研究框架。

另一方面，国际经验的比较研究仍然较为浅显。在研究的过程中，本文选择了多个国家进行案例式的比较研究，但本文对所选取的国家案例的分析仍较单薄。同时，比较研究的方法稍显不足。具体来说，比较制度分析中较为前沿的方法是博弈论的方法，博弈论的引用对于比较不同国家的制度是一个重大的进步。在研究过程中的局限在于仅仅对六个不同国家的产业结构现代化进行了分析，样本量仍然较少。

# 参考文献

## 中文期刊

[1] 伍志燕.苏联解体过程中的意识形态演变及历史教训 [J/OL].湖湘论坛，2019(02):99-106[2019-03-13].https://doi.org/10.16479/j.cnki.cn43-1160/d.2019.02.010.

[2] 范思琦.日本中小企业生态位演化研究及经验借鉴 [J].现代日本经济，2019(02):59-68.

[3] 李丽，李玉坤.中国服务业发展政策文献综述 [J].商业经济研究，2019(04):176-178.

[4] 马骏.创新制度供给 把握万物互联及智能化机遇 [N].经济日报，2019-02-21(015).

[5] 张宇，李进兵，罗加蓉.后发国家新兴产业发展中制度创新的规律与经验研究 [J/OL].世界科技研究与发展 :1-7[2019-03-13].https://doi.org/10.16507/j.issn.1006-6055.2019.01.001.

[6] 高力克."旧邦新命"：冯友兰的中国现代化论 [J/OL].史学月，2019(01):104-110[2019-03-13].http://kns.cnki.net/kcms/detail/41.1016.k.20190129.1504.018.html.

[7] 杜泽文 . 现代农业与生产性服务业耦合发展路径 [J]. 江苏农业科学，2019(01):309-312.

[8] 鲍南 . 协同一心培养大国工匠 [N]. 北京日报，2019-01-18(018).

[9] 雷璟思 . 论现代化的根本、核心和最高地位 [J]. 现代企业，2019(01):10-13.

[10] 张进铭 . 制度创新与大国发展周期 [J]. 当代财经，2019(01):3-13.

[11] 郑京平 . 形成具有中国特色的市场经济体制 [N]. 深圳特区报，2019-01-15(B10).

[12] 张红宇 . 大国小农：迈向现代化的历史抉择 [J]. 求索，2019(01):68-75.

[13] 胡伟 . 高质量发展阶段我国产业组织政策的四个前沿问题 [J]. 经济纵横，2019(01):76-82.

[14] 汪海波 . 中国发展经济的基本经验——纪念新中国成立 70 周年 [J]. 首都经济贸易大学学报，2019，21(01):3-14.

[15] 夏泽宏 . 从四个现代化到全面现代化——改革逻辑的历史演进 [J]. 广西社会主义学院学报，2018，29(04):18-21.

[16] 聂清德，周明星 . 新时代职业技能型高校培养大国工匠的理性思考 [J]. 教育探索，2018(06):32-36.

[17] 黄兴涛，陈鹏 . 民国时期"现代化"概念的流播、认知与运用 [J]. 历史研究，2018(06):70-90, 189.

[18] 徐聪 . 我国现代服务业主导产业选择研究的文献综述 [J]. 现代经济信息，2018(24):346-347.

[19] 胡振虎 . 深化改革开放是推动中国发展的唯一出路 [N]. 中国经济时报，2018-12-25(005).

[20] 张幼文，黄建忠，田素华，何树全，石建勋，方显仓，靳玉英，张海冰 . 40 年中国开放型发展道路的理论内涵 [J]. 世界经济研究，2018(12):3-24.

[21] 黄凯南，乔元波 . 产业技术与制度的共同演化分析——基于多主体的学习过程 [J]. 经济研究，2018，53(12):161-176.

[22] 宣烨，胡曦.生产性服务业与制造业关系的演变：从"需求依附"走向"发展引领"[J].南京财经大学学报，2018(06):93-98.

[23] 于明远，范爱军.生产性服务嵌入与中国制造业国际竞争力提升[J/OL].当代经济科学：1-12[2019-03-13].http://kns.cnki.net/kcms/detail/61.1400.f.20181217.1117.002.html.

[24] 马晓河.迈向现代化中国期待新的发展模式[N].证券时报，2018-12-18(T16).

[25] 林毅夫.中国改革开放40年经济发展态势与新时代转型升级展望[J].西部论坛，2018，28(06):1-6.

[26] 刘辉.中国现代化奋斗目标的多维特征探析[J].唯实，2018(12):30-33.

[27] 施建军，夏传信，赵青霞，卢林.中国开放型经济面临的挑战与创新[J].管理世界，2018，34(12):13-18+193.

[28] 卢福财，徐远彬.互联网对生产性服务业发展的影响——基于交易成本的视角[J].当代财经，2018(12):92-101.

[29] 章忠民，魏华.中国方案拓展发展中国家现代化的途径选择[J].马克思主义研究，2018(12):104-113.

[30] 肖婷玉.我国产能过剩现状及去产能政策建议[J].经贸实践，2018(24):43.

### 学术专著

[1] 杨德勇，张宏艳:《产业结构导论》，知识产权出版社2008年版。

[2][美]查尔斯·K·威尔伯:《发达与不发达问题的政治经济学》，商务印书馆2015年版。

[3] 华韵:《工业4.0时代》，新华出版社2017年版。

[4] 宇泽弘文:《社会共通资本》，浙江人民出版社2017年版。

[5] 何传启:《中国现代化报告2018——产业结构现代化研究》，北京大学出版社2018年版。

[6] 王一江等著:《国家与经济——关于转型中的中国市场经济改革》,北京大学出版社 2007 年版。

[7] 何爱国:《当代中国现代化的理论与实践》,科学出版社 2011 年版。

[8] 何传启:《第二次现代化理论——人类发展的世界前沿和科学逻辑》,科学出版社 2013 年版。

[9] 李增刚译,奥尔森:《国家的兴衰——经济增长、滞涨和社会僵化》,上海世纪出版集团 2007 年版。

[10] 俞新天、邓新裕等译,[美] 罗伯特·海尔布·罗纳等著:《现代化理论研究》华夏出版社 1989 年版。

[11] 国务院发展研究中心市场经济研究所著:《改革开放 40 年市场体系建立、发展与展望》中国发展出版社 2019 年版。

[12] 高鸿业:《西方经济学（微观部分·第七版）》,中国人民大学出版社 2018 年版。

[13] 小岛明【著】,孙晓燕【译】:东方出版社 2010 年版。

[14] 周振华:《产业结构优化论》,上海人民出版社 2014 年版。

[15] 罗荣渠:《现代化新论——世界与中国的现代化进程》,商务印书馆 2017 年版。

[16] 哈里·兰德雷斯,大卫·C·柯南德尔【著】,周文【译】:《经济思想史》2018 年版。

[17] 潇斌:《制度论》,中国政法大学出版社 1989 年版。

[18] 青木苍彦,奥野正宽:《经济体制的比较制度分析》中国发展出版社 2001 年版。

[19] 李若谷,何自云:《制度适宜与经济增长——中国发展道路研究》中国金融出版社 2018 年版。

[20] 单玉丽,刘克辉:《台湾工业化过程中的现代农业发展》知识产权出版社 2009 年版。

## 英文期刊

[1] OECD-FAO Agricultural Outlook 2018-2027，https://read.oecd-ilibrary.org/
agriculture-and-food/oecd-fao-agricultural-outlook-2018-2027_agr_outlook-
2018-en#page25.

[2] Michael Stuetzer a,b, Martin Obschonka c,d,n, DavidB.Audretsche,Michael
Wyrwich f, PeterJ.Rentfrowg, Mike Coombes h, LeighShaw-Taylor i,Max
Satchell : Industry structure, entrepreneurship, and culture: An empirical analyst
is using historical coalfields，European Economic Review 86(2016)52–72.

[3] F. Hu, S. Zhao, T. Bing, Y. Chang, Hierarchy in industrial structure:The
cases of China and the USA, Physica A (2016),http://dx.doi.org/10.1016/
j.physa.2016.11.083.

[4] Liu xiuhuang, American Journal of Industrial and Business Management, 2014,
4, 531-544.Published Online September 2014 in SciRes. http://www.scirp.org/
journal/ajibm http://dx.doi.org/10.4236/ajibm.2014.49059

[5] Arik Levinso，"Technology,International Trade,and Pollution from US
Manufacturing,"American Economic Review 99（2009）:2177-2192.

[6] Raymond H. Pulley, "The Railroad and Argentine National Development,1852-
1914",The Ameicas.Vol,23,No.1,JUL 1966,PP,69-75.